노는 아이

그림책 · 도서관 · 책방이랑

노는 아이

신은영 지음

프롤로그

37살 사춘기 엄마에게 다가온 그림책

"여보, 나 승진했어."

몹시 추웠던 어느 겨울날, 핸드폰 너머로 들리는 남편의 목소리가 무척이나 밝았다. 그런데 내 입에서는 축하의 말이 아니라 "좋겠다, 당신. 나도 승진하고 싶다."라는 푸념이 훅 튀어나왔다. 아무 대꾸 없이 숨소리만 들려왔다. 몹시 당황했을 남편 얼굴이 눈앞에 그려졌다. 기쁨의 순간을 가장 먼저 나와 함께 나누려고 전화했을 남편에게 미안한 마음이 들었다. 한편으로는 두 아들의 육아를 떠안은 내 인생이 남편의 승진에 밑거름이 되었을 텐데, 그런 건 아무도 안 알아주

겠지 싶어 억울한 마음도 모락모락 피어났다. 모든 게 순조롭다고 여겼던 내 삶에 처음으로 브레이크가 걸린 날이다.

내게 결혼과 육아는 누군가에게 떠밀려서가 아니라 온전히 스스로 선택하여 걸어온 길이기에, 특별한 칭찬이나 보상을 바라는 마음은 없었다. '신은영'이라는 내 이름 석 자 대신 아이들 이름을 붙여 주영 엄마, 주호 엄마로 불리는 것도 그다지 불만스럽지 않았다. 아니, 그렇다고 믿었다. 그런데 뜻밖에도 남편의 승진 소식이 그동안 잊고 있던 '나'를 떠올리게 하는 도화선이 된 것이다.

그날 이후 시작된 나의 방황과 혼란은 가족에게 큰 영향을 미쳤다. 하루는 둘째 주호가 식탁에 우유를 쏟았는데, 그 불똥이 엉뚱하게도 말을 알아듣는 첫째 주영이에게로 향했다. 주영이는 잘못이 없는데도 울면서 용서를 빌었다. 울고 있는 아이 뒤로 한 마녀가 거울에 비쳤다. 바로 나였다. 아이들 눈에도 엄마가 아닌 무서운 마녀로 보였을 것이다. 엄마로서 자격이 없다는 생각과 함께 복잡한 감정들이 밀려왔다. 할 수만 있다면 내 부끄러운 행동을 아이들 기억에서 몽땅 잘라 내 꼭꼭 숨겨 버리고 싶었다.

하지만 그 뒤로도 툭하면 올라오는 감정을 주체하지 못

하는 나로 인해 상처받는 아이들을 보며 자책하는 일이 반복됐다. 뒤늦은 만큼 너무 혹독한 37살의 사춘기였다. 그러던 어느 날 자꾸만 물어뜯어 울퉁불퉁해진 둘째 아이의 손톱을 보며, 엄마인 내가 더는 불안한 모습을 보여서는 안 되겠다는 생각이 들었다. 이 불안이 내가 어떤 사람인가 하는 정체성을 잃어버렸기 때문이라는 걸 인지한 다음부터 끊임없이 자신에게 질문을 던졌다. 그리고 지금까지 해 보지 않았던 새로운 것들을 시도해 보기로 했다.

아이의 독서에 도움이 될까 싶어 전주의 라키비움 책마루 도서관에서 열린 소윤경 작가의 그림책 북토크에 참석한 것이 시작이었다. 짧은 시간이었지만 어른도 그림책을 통해 위로받을 수 있다는 걸 알게 된 소중한 순간이었다. 그 자리에서 익산 그림책방 〈씨앗〉의 책방지기 신윤경 선생님도 처음 만났다. 나중에 따로 선생님을 찾아뵈었는데, 만난 지 얼마 안 되는 사이임에도 당시의 복잡했던 내 심정이 입에서 술술 흘러나왔다. 선생님 역시 나와 비슷한 감정을 느낀 적이 있고, 주변의 많은 엄마들도 같은 어려움을 겪는다는 이야기가 큰 위로가 되었다. 선생님은 내게 《아름다운 실수》(코리나 루켄 글·그림, 김세실 옮김, 나는별, 2018)라는 그림책을 선물해 주셨다. 책장을 넘기면서 그동안 내 잘못이라 여겼던 많은 일들과 가족에 대한 미안함 같은 부정적 감정들마저 결국은 내 인생을 이루는 수많은 점 가운데 하나일 뿐이라는 것을 깨달았다. 실수라고 생각했던 얼룩이나 잘못 그어 버린 선도 마음먹기에 따라서 내 삶을 더 풍요롭게 만드는 사건이 될지도 모른다는 것을. 그렇게 생각하자 마음속 깊은 곳에 자리하던 분노가 조용히 사그라들었다. 이 그림책을 마중물 삼아 나는 서서히 그림책 세계로 빠져들었다.

그림책은 내 인생에 큰 전환점이 되었다. 그림책을 보면서 조금씩 밝아지는 엄마의 모습을 반기며 아이들도 함께 그림책을 보기 시작했다. 시간을 정해 규칙적이고 일방적으로 읽어 주기보다는, 각자 좋아하는 그림책을 자유롭게 찾아 읽고 서로의 경험과 생각을 나누는 방법을 선택했다. 그림책 관련 행사도 찾아다녔다. 굳이 무엇을 애써 가르치려 들기보다 내가 좋아하는 것을 함께 즐긴 경험이 아이들에게 서서히 스며들었다. 나도 아이들도 자기표현을 망설이지 않는 사람으로 성장해 갔고, 우리의 관계도 점점 긍정적인 방향으로 회복되었다.

늦게 찾아온 힘겨운 사춘기를 거치면서 가족을 위해 희

생하겠다는 마음으로는 나도 가족도 결코 행복할 수 없다는 걸 깨달았다. 변화하는 아이들과 나 자신을 바라보며 믿음이 생겼다. 타인의 인정보다 나 자신의 인정이 중요하다는 것, 그리고 삶의 모든 순간과 경험이 인생을 이루는 하나의 점이라는 것. 내게 미친 그림책의 긍정적인 영향은 온 가족에게 젖어 들었다. 이 책은 그렇게 그림책을 통해 나 자신과 아이들을 변화시킨 경험의 기록이다.

목차

프롤로그
37살 사춘기 엄마에게 다가온 그림책   4

1. 그림책과 함께 자라는 아이

- 그림책 작가를 만나며 더 넓은 세계로   14
- 그림책 전시회, 그림책을 더 깊게 만나는 경험   20
- 좋아하는 작가에게 편지를 쓰면 답장이 올까?   27
- 그림책을 품은 이색 테마 여행   32
- 초등학생이 그림책을 활용하는 방법은?   38
- 아이의 삶에 깊이 스며든 그림책   43

2. 부모와 함께 놀며 성장하는 아이

- 열정과 끈기의 가족 문화 만들기   50
- 현관문 열기 힘든 아침, 달리기가 이룬 기적   53
- 꿈이 현실이 되는 놀라운 마법, 보물지도   60
- 스스로 책 읽는 마법, 가족 필사   65
- 아직도 종이 신문을 보냐고요?   72
- 가장 가까운 곳으로 떠나는 여행   78

3. 주어진 환경을 활용해 노는 아이

- 정보 수집가 부모가 되기까지   86
- 책방 주인과 단짝 되기   91
- 낯선 이와의 한판 승부, 중고 장터 물건 팔기   96
- 사람들은 잘 모르는 지역 공공 기관 연계 프로그램   102
- 핸드폰보다 컴퓨터를, 인스타보다 홈페이지를   108
- 우리가 사는 지역을 알아 가며 내 뿌리 이해하기   112
- 어쩌다 보니 방송 출연   117

4. 친구와 함께 더 잘 노는 아이

- 좋아하는 것을 친구와 함께 나누기   124
- 시티 투어, 신나게 놀면서 역사 공부하기   133
- 나만의 속도를 찾아 함께 떠나는 자전거 라이딩   137
- 우리 손으로 직접 만드는 가장 신나는 축제   142
- 기쁨 두 배, 즐거운 봉사 활동   147
- 작은 성공의 힘, 책거리   152

에필로그
도전을 즐기면서 자라는 아이   156

그림책 문화 공간   160

1

그림책과 함께 자라는 아이

그림책 작가를 만나며 더 넓은 세계로

경험은 한 번도 열어보지 못한 방의 문을 열고 들어가는 것이다. 그때마다 세계가 한 칸씩 넓어진다. 새로 문이 열리면 세계의 모양도 크기도 달라진다.

《이상하고 자유로운 할머니가 되고 싶어》(무루 글, 어크로스, 2020)

우리는 왜 책을 읽을까. 왜 아이에게 애써 읽히려고 할까. 내가 생각하는 중요한 지점은 책을 통해 한 사람이 직접 경험할 수 있는 한계를 넘어서서 훨씬 더 풍부한 세계를 만날 수 있다는 것이다. 그림책에는 작가가 담고 있는 세계관, 가치관, 경험에서 우러나오는 교훈 등 여러 가지가 녹아 있다. 우리 아이들도 그림책을 보며 '우리'와 '함께'라는 말, 그리고

'소수의 다양한 사람들'이라는 말의 의미를 이해하기 시작했다.

좋아하는 책의 작가와 직접 만나는 일은 독서의 긍정적인 효과를 최대치로 끌어올린다. 작가와의 만남은 단순히 작가라는 직업을 이해하는 경험을 넘어서서, 작가가 글과 그림 안에 담은 생각을 직접 들을 수 있는 자리이기도 하다. 세계관이 뚜렷한 어른의 이야기를 들으며 아이는 내가 애써 도와주지 않아도 스스로 사고의 폭을 넓혀 간다.

큰아이 주영이에게 가장 기억에 남는 작가가 누구냐고 물어보면 망설임 없이 《슈퍼 거북》(유설화 글·그림, 책읽는곰, 2014)의 유설화 작가님이라고 답하곤 한다. 아이가 처음으로 직접 인연을 맺은 그림책 작가이다.

예전에 〈전주 독서대전〉을 찾았을 때, 행사장 한편에 그림책 캐릭터를 색칠하는 곳이 있었다. 여러 캐릭터 중에서 주영이는 평소에 좋아하던 그림책에 나오는 거북이 캐릭터를 골랐다. 열심히 색칠하고 있는 주영이에게 체험을 도와주는 분이 다가와 물었다.

"오, '꾸물이'를 골랐구나! 혹시 《슈퍼 거북》 읽어 보았니?"

"선생님도 《슈퍼 거북》 아세요? 제가 제일 좋아하는 그림책이에요."

"그래? 선생님이 유설화 작가님과 친구인데, 작가님이 들으면 엄청 좋아하시겠다. 혹시 작가님하고 통화해 볼래?"

"어, 네……."

"잠깐만."

그렇게 해서 아이는 태어나서 처음으로, 그것도 제일 좋아하는 그림책을 만든 작가와 이야기를 나누었다. 긴장으로 굳어 버려 많은 말은 하지 못했지만, 아이의 눈빛을 보니 알 수 있었다. 지금 이 순간이 아이에게 잊지 못할 소중한 경험이 되리라는 것을.

그 뒤로 유설화 작가가 우리 지역에 온다는 소식을 들으면 찾아가서 인사도 드리고 사진도 함께 찍으며 이야기를 나누었다. 작가와 직접 만나 소통한다는 것이 얼마나 특별한 경험인지 알게 된 우리는 꾸준히 다양한 강연이나 행사에 찾아가 여러 작가를 만났다. 그래도 주영이는 맨 처음 설레는 마음으로 대화를 나누었던 유설화 작가와 그림책 《슈퍼 거북》을 최고의 작가와 작품으로 꼽는 데 주저하지 않는다. 천천히 걷고 느리게 사는 '자기다움'을 찾아낸 거북이 꾸물이와 그런 캐릭터를 만들어 낸 유설화 작가의 세계관이 아이의 마음 깊이 와닿았기 때문일 것이다.

그림책의 그림을 그리거나 이야기를 꾸려 가는 방식도 작가마다 다르므로, 각각의 책을 만들 때 일어나는 창의적 발상이나 표현 방식 등에 관한 이야기를 작가와의 만남을 통해 접할 수 있다. 학원에서도 배울 수 없는 귀한 이야기들을 현직 작가들의 생생한 목소리로 만나는 것이다. 이처럼 책 한 권을 더욱 깊이 있고 다채롭게 만날 수 있는 경험 때문에 나는 아이와 함께 작가 강연회에 열심히 찾아다니고 주변에도 적극 권유하곤 한다.

나 역시 그림책뿐 아니라 여러 분야의 작가를 찾아다니면서 독서의 폭과 깊이가 한층 확장되는 즐거움을 맛보곤 한다. 우연한 기회에 은유 작가의 강연회에 참석했다가《싸울 때마다 투명해진다》(은유 글, 서해문집, 2016)라는 책을 만나면서, 곧바로 내 마음의 최애 작가로 모시게 되었다. 나는 가까운 지역에 은유 작가가 방문한다는 소식을 들으면 만사 제치고 달려가곤 했다. 주영이가 유설화 작가의 익산 방문 소식을 들으면 반드시 만나러 가는 것처럼 말이다. 아이와 나는 비슷한 방식으로 책과 작가를 만나면서 서로 통하는 부분도 많아졌다. 특별히 좋아하거나 관심 있는 분야가 적었던 몇 년 전에 비하면 우리 가족의 삶과 대화가 얼마나 풍부해졌는지 새삼 깨닫곤 한다.

코로나19로 한동안 작가와 직접 대면하는 행사가 대부분 중단되었다. 새로운 작가를 만나는 설렘을 누리던 아이와 나는 아쉬운 마음이 컸다. 알고 보니 독자들만 섭섭한 게 아니었다. 작가들 또한 그림책을 출판한 뒤에 독자와 만나서 작품에 대한 피드백과 응원을 받으며 다음 작품으로 나아갈 힘을 얻는다는데, 그러지 못해 아쉬움이 컸다고 한다.

그러던 가운데 비대면 강연과 북토크가 활성화하면서, 물리적 시간과 거리라는 오프라인의 한계를 넘어선 새로운 장이 열렸다. 이제 유튜브나 인스타 라이브 방송, 줌 화상 회의 등을 통해 안방에서 더 다양한 강연을 접할 수 있게 되었다. 도서관과 동네 책방 등에서 정기적으로 작가들을 초대하여 무료 라이브 방송을 열기도 하고, 그 밖에도 다양한 출판사나 서점, 그림책 모임 등에서 그림책 강연을 녹화하여 유튜브 채널 등에 공개하기도 한다.

이를 통해 지금껏 접했던 것보다 훨씬 다양한 작가와 작품의 이야기를 만날 수 있어 좋은 점도 많았지만, 한편으로는 직접 만나면서 생기는 공감과 시너지 효과가 부족해 아쉽기도 하다. 다들 비슷한 마음이었는지 코로나 이후로 전보다 훨씬 다채롭고 풍부한 대면 행사가 쏟아져 나오고 있다.

그렇게 그림책을 좋아하던 주영이는 작가의 꿈을 꾸기 시작했다. 목적 없이 순수하게 작가를 만난 시간은 아이가 소중한 꿈을 품는 계기가 되었다.

그림책 전시회, 그림책을 더 깊게 만나는 경험

"미술관과 음악회에 쓰는 돈을 아까워하지 않는 아이로 자랐으면 좋겠어."

언젠가 친한 언니에게서 이 말을 듣고 뒤통수를 세게 얻어맞은 느낌이 들었다. 어쩌다 미술관에 가더라도 뭘 어떻게 감상해야 할지 몰라서 도슨트만 따라다녔고, 클래식 음악 연주회에 단체 관람을 가서도 피아노와 첼로 소리가 자장가처럼 들려 졸다가 온 기억밖에 없었다. 예술 분야는 나와 맞지 않는 먼 나라 얘기라고만 생각했다.

그런데 미술관과 음악회에 쓰는 돈을 아까워하지 않는 아이라니……. 당장 엄마인 나부터가 미술과 음악에 쓰는 돈을 아까워하는 어른 같은데, 아이를 그렇게 키울 수 있을까? 나는 문화생활보다는 당장 지급해야 하는 보험료나 집세, 학비 같은 것을 우선순위에 두고 살아온 편이었다. 육아를 하면서는 아이를 위해 이런 부분에 신경을 써야 한다고 생각은 했지만, 아이들을 데리고 미술관에 가도 즐겁지 않았다. 엄마인 내가 지루해하니 아이 또한 지루해하는 것은 당연했다. 만약 내가 어린 시절에 부모님과 함께 미술관을 자주 다녔다면 달랐을까?

나는 내가 해 보지 못한 경험을 아이에게 강요하는 엄마가 되고 싶지 않았다. 내게 어려운 것은 아이에게도 어려울 거라고 생각해서 더 가까이 다가가지 못했다. 그러면서도 미련을 버리지는 못했는데, 그림책 원화 전시회에 가면서 어렵게만 느껴졌던 미술이 다르게 보이기 시작했다. 그림책 원화는 책으로 먼저 만난 작품이다 보니 어렵게 느껴지지 않았다. 완성된 원화를 찬찬히 들여다보면서 그림책과는 또 다른 매력을 찾아내는 즐거움도 생겼다. 운이 좋으면 해당 작가를 직접 만나 전시된 그림에 관한 설명도 들을 수 있었다. 이런 경험이 쌓이고 쌓여 미술관 나들이가 부담스럽지 않게 되었다. 아이 또한 미술관에 가면 자기가 좋아하는 그림을 꼭

아 보기도 하면서 자기만의 방식으로 자연스럽게 감상을 즐기게 되었다. 전시회에서 유심히 보았던 다양한 표현 기법을 미술 시간에 자기만의 표현 방식으로 응용하기도 했다.

언젠가 최향랑 작가의 〈씨앗으로 만들기〉 체험 활동에 참여했을 때, 주영이가 만든 씨앗을 보고 나도 모르게 아쉬운 점을 지적하는 말이 흘러나왔다. 그러자 아이가 울상이 되어 대꾸했다.

"그림책 작가마다 표현 방법이 다른 것처럼 나도 나만의 표현 방법을 찾으라고 했잖아요. 이게 내가 표현하고 싶은 방법인데 왜 이상하다고 해요."

훌륭한 그림에는 어떤 정답이 있다고만 여겼던 내 오랜 편견을 나도 모르게 아이에게 드러냈던 것이다. 하지만 그림책을 보고 즐기면서 좋은 그림에는 정답이 없다는 것을 깨달았다. 투박하거나 어린이 그림처럼 삐뚤빼뚤한 그림으로도 얼마든지 멋진 이야기나 감정을 전달하고 있었다. 점수 매기듯 그림을 평가하기보다, 그림에 담긴 작가의 마음을 들여다보거나 내 삶과 연결 짓는 그 자체만으로도 즐거운 놀이가 되었다.

차로는 가까운 마트나 겨우 다녀오던 내가 처음으로 고

속도로 운전을 시도한 것도 천안에서 열린 에바 알머슨 전시를 가기 위해서였다. 이날의 경험으로 보고 싶은 전시회가 있으면 어디든 달려갈 수 있다는 자신감이 생겼다. 첫 장거리 운전이었지만 피로하긴커녕 좋아하는 작가의 그림책과 그림을 실컷 볼 수 있다는 사실에 신이 났다. 그날 처음 시도한 것들이 많았는데, 그중에서도 아이와 전시를 따로 관람한 경험이 두고두고 기억에 남는다. 아이에게 무슨 그림을 어떻게 이해해야 하는지 애써 설명하기보다, 각자 조용히 작품을 보는 시간을 가진 다음 다시 만나서 감상을 나누는 시간이 무척 소중하게 다가왔다.

우리는 그 뒤로도 전시회에 갈 때마다 각자 보고 싶은 작품을 감상하며 마음에 담아 둔 작품들을 소책자를 보면서 함께 나누곤 한다. 예전에는 전시회에 가서 찍은 사진이 죄다 화려한 작품이나 대형 포스터 앞에 아이들을 세우고 어깨동무나 멋진 포즈를 인위적으로 연출한 모습이었다면, 이제는 거의 작품을 보는 아이들의 뒷모습뿐이다.

그림책 전시회에서 만난 그림책 원화는 보통 시중에 나와 있는 책보다 사이즈가 크고 글자 없이 오롯이 그림만을 감상할 수 있기 때문에, 책에서는 미처 눈여겨보지 못했던 디테일까지 자세히 들여다보며 감상하는 재미가 있다. 또한 출판되기 전의 스케치와 더미북을 실제 책과 비교해 보며 어떤 수정 과정을 거쳐서 책이 나왔는지 살펴보는 것도 즐겁다. 한 권의 책을 만들기 위해 이렇게 갖은 노력과 깊은 고민을 하는구나 싶어 감탄하게 된다. 때로는 작가가 주로 쓰는 미술 도구나 책을 만들 때 참고한 자료들이 '작가의 방' 컨셉으로 전시되어 있기도 한데, 작가의 집에 초대받은 듯한 친밀감도 느낄 수 있고 그 작가가 살아가는 모습이나 취향도 엿볼 수 있다.

무엇보다 원화 전시회에서 직접 작가를 만나는 경험이 가장 긴 여운을 남긴다. 아이는 언젠가 전시회에서 작가가 직접 친절하게 그림에 얽힌 이야기를 들려주는 자리에 참석한 뒤, 자기도 이다음에 작가가 되어 어린 친구들에게 이야기를 들려주고 싶다고 말하기도 했다. 때로는 전시회에서 만난 작가의 그림책을 용돈을 아껴 직접 사 보기도 한다.

코로나19 시기에 그림책 전시회도 대부분 중단되었다. '이가 없으면 잇몸으로'라고, 잠시 문을 닫은 미술관에서 우리 같은 사람들을 위해 그림을 대여해 주는 서비스가 생겼다. 그림 대여 서비스를 이용할지 고민하던 차에, 읽으려고 꺼내 놓았던 그림책 표지가 눈에 들어왔다. '이거다! 비싼 그림 말고 주영이와 내가 좋아하는 그림책으로 우리 집 방구석 미술관을 만들자.'라는 생각이 들었다. 그림책 표지 자체가 대부분 아름다운 그림으로 되어 있으므로, 그 자체로 어엿한 감상의 대상이 될 수 있는 것이다. 우리는 집의 한 책장을 미술관으로 정하고 그때그때 어떤 주제의 책이나 비슷한 느낌의 그림들을 모아서 전시해 놓기 시작했다. 그러면서 그림책 표지가 얼마나 중요한지 느끼고 예전보다 더 자세히 살펴보는 버릇도 생겼다.

    코로나19 때 비대면 북토크가 활성화된 것처럼, 예전에는 다소 형식적이었던 온라인 전시가 더 다채롭고 풍부하게 열렸다. 주요 전시가 서울과 수도권 위주로 열리기 때문에 아쉬웠던 부분까지 충분히 채워 주었다. 그중에서도 서울 디자인위크 2020 온라인 전시 〈일상의 예술, 그림책 전〉이 가장 기억에 남는다. 한국을 대표하는 그림책 작가 10명의 작업실에서 직접 보고 듣는 예술과 그림책 이야기로, 시간과 공간 제약을 넘어서서 작가의 내밀한 이야기를 들을 수 있는 좋은 기회였다. 우리 아이들도 좋아하는 작가의 이야기를 여러 번 반복해서 보면서 뛰어난 작가들의 예술 세계를 마음

깊이 받아들였다.

 〈일상의 예술, 그림책 전〉 온라인 전시 입장하기

좋아하는 작가에게 편지를 쓰면 답장이 올까?

 요즘은 편지보다는 카톡과 이메일, 문자로 안부를 빠르게 주고받기 때문에 손 편지를 받아 본 적이 언제였는지 나도 기억이 가물가물하다. 그러던 어느 날 손으로 직접 주소를 꾹꾹 눌러쓴 택배가 아이 앞으로 도착했다. 아이가 가족이 아닌 누군가로부터 택배를 받은 적은 처음이라 상자 안에 무엇이 있을지 무척 궁금했지만, 아이가 상자를 뜯으며 기뻐할 모습을 상상하니 내가 먼저 보는 것은 예의가 아닌 듯하여 기다리기로 했다.

 하교 시간이 지나 현관문을 열고 들어오는 아이에게 "잘 다녀왔어?"라는 인사 대신 상자를 힘차게 내밀었다. 얼떨결에 상자를 받아 든 아이는 평소보다 두 배로 커진 눈으로 나를 바라보았다. 상자 안의 내용물이 궁금하여 아이에게 열어 보자고 재촉했고, 아이는 고사리 같은 손으로 천천히 테이프를 뜯었다. 활짝 입을 연 상자 안에는 3권의 그림책과 문구류, 엽서가 들어 있었다.

상자 안에 있던 선물이 밖으로 나와 진열될 때마다 아이의 얼굴에 미소가 점점 커지는 것을 볼 수가 있었다. 마지막으로 꺼낸 엽서 뒷면에는 유설화 작가가 직접 쓴 손 편지가 빨리 읽어 주기를 기다리고 있었다. 그렇게 아이는 태어나서 처음으로 작가에게서 손 편지를 받았다.

식탁 앞에 앉아서 작가의 편지를 읽고 또 읽던 아이가 주방에서 설거지하고 있는 나를 여러 번 불렀다.

"엄마, 엄마, 엄마!"

"왜?"

"엄마도 좋아하는 작가님 있어요?"

"그럼, 있지."

"엄마도 저처럼 작가님한테 편지 받아 봤어요?"

끊임없이 재잘대는 아이의 목소리와 동그란 설거지통에 쏟아지는 물소리가 묘하게 잘 어울렸다.

"엄마도 마음을 전달하기 위해 손 편지 써서 보냈었지! 그리고 작가님도 엄마에게 예쁜 손글씨로 편지 써 주셨는걸. 보여 줄까?"

아이의 질문에 대답하며 나 역시 좋아하는 작가에게 손 편지를 써 보낸 뒤 답장을 받아 기뻐했던 기억이 떠올랐다. 그 밖에도 직접 편지를 써 보냈던 사람들의 얼굴이 떠올랐다. 쉽게 주고받는 요즘의 연락 방법보다는 시간을 들여서 쓰는 손 편지를 더 좋아한다. 손으로 꾹꾹 눌러쓴 정성 가득한 편지는 보낼 때도 받을 때도 기분이 좋다.

손 편지의 기분 좋음을 알고 있기에, 아이에게도 작가의 편지는 잊지 못할 감동을 주었을 것이라 짐작해 본다. 가족도 친구도 아닌, 자신이 좋아하는 작가가 직접 손으로 써 준 편지라니. 몇 번이고 엄마에게 읽어 주고 싶을 정도로 특별한 감동과 추억이었을 것이다.

"편지 받으니 기분이 어때?"

"두근두근 뛰는 마음이 멈추지 않아 힘들어요."

아이의 솔직한 표현이 귀엽고 재미있었다. 아이는 잠들기 전까지 내 뒤를 졸졸 따라다니며 편지를 여러 번 읽어 주었다. 쉼표 하나까지 다 외운 그 편지를 주영이는 지금도 간직

하고 있다.

　마침 유설화 작가가 인근 지역으로 강연을 온다는 소식을 듣고 이야기를 전달했다. 강의 일정과 아이의 방과 후 시간이 겹쳐 아이가 직접 일정을 선택할 수 있도록 했다. 예상했지만 선택은 자신에게 편지를 써 준 작가였다. 전화기 너머 목소리만 듣고 편지로 소통했던 작가를 그날 처음 만났다. 작가님께 드린다며 만나기 며칠 전부터 선물을 골랐고, 여러 번 썼다 지웠다 반복하며 꽤 오랜 시간과 정성을 들여 편지를 완성했다. 그리고 드디어 작가님께 편지와 선물을 두 손으로 직접 전달했다. 아이는 볼부터 귀까지 온통 토마토처럼 빨갛게 물들었다. 좋아하는 마음을 우연한 기회에 전달했던 주영이에게 작가님이 직접 써 준 편지는 그 어떠한 선물보다도 큰 선물이었다. 이러한 경험을 통해 주영이는 여전히 그림책을 꾸준히 읽고 있고, 자신의 마음을 표현할 때 때론 상상만 했던 멋진 일들이 실제로 일어날 수 있다는 것도 알게 됐다.

　나에게 그림책이 특별해진 순간이 있듯이, 주영이 역시 좋아하는 작가의 손 편지를 받았던 경험이 그림책을 더 좋아하는 계기가 되었을 것이다. 가족들의 생일에 늘 편지를 써

주던 아이는, 이제 그림책을 읽고 자기만의 노트에 작가에게 편지를 쓴다. 그래서 수신인은 있지만 발송하지 못한 편지가 수북이 쌓이고 있다. 하루는 내 옆에서 열심히 편지를 쓰고 있는 주영이에게 부치지 못할 편지를 왜 쓰는지 물어보았다. 주영이의 답은 간단했다.

 "기록이지. 그림책 작가님을 만나는 기록."

그림책을 품은 이색 테마 여행

"엄마, 오늘 데리러 올 거지?"

초등학교에 막 입학한 첫째 주영이가 등교하기 전 항상 나에게 물었던 질문이다. 어린이집 다닐 적에는 데리러 가지 않아도 불평 한번 없던 아이였는데, 초등학교에 가서는 교문까지 마중을 나왔으면 하는 바람을 아침마다 내비쳤다. '지금 아니면 언제 해 줄 수 있을까?' 하는 마음에 둘째 주호를 유아차에 태우고 학교 교문 앞에서 아이를 기다렸다.

아이가 웃으면서 나오는 날에는 기다리고 있는 나 역시 기분이 좋았다. 반면 아이의 표정이 좋지 않은 날에는 걱정되고 기분이 좋지 않았으나, 아이 앞에서는 표현할 수 없었다. 그런 날이 자주 있진 않았지만, 아이의 기분이 가라앉은 날에는 기분을 풀어 주고자 유아차에 타고 있는 둘째가 잠에서 깰 때까지 집 근처를 돌았다. 배가 고프면 학교 옆 문방구에서 떡볶이로 배를 채우고는 아이의 기분이 풀릴 때까지 싱거운 얘기를 나누며 거리를 활보했다.

집으로 돌아온 아이는 대부분 그림책을 보며 시간을 보냈다. 무심히 보면 같은 일상의 반복이었지만, 아이는 매일 다른 그림책을 펼쳐서 다른 세상을 만나고 있었다. 그 모습을 보며 부러웠고 기뻤다.

더 다양한 그림책을 아이에게 보여 주기 위해 인터넷 검색을 하다 금산에 있는 〈지구별 그림책 마을〉을 알게 됐다. 사진으로 본 〈지구별 그림책 마을〉은 숲이 숨겨 놓은 마법의 공간 같았다. 지금까지 본 것보다 보지 못한 그림책으로 가득한 곳이라니, 우리에게는 더할 나위 없이 좋은 곳이라 생각했다. 여러 나라를 품고 있는 지구처럼 다양한 그림책을 탐험할 수 있는 〈지구별 그림책 마을〉. 그림책 좋아하는 주영이가 있고, 그림책을 봐야 할 미래의 독자 주호, 그리고 그림책을 사랑하는 내가 있으니 가야 할 이유는 충분했다.

〈지구별 그림책 마을〉은《해리 포터》속 킹스크로스역

9와 4분의 3 승강장처럼 우리 가족에게 또 다른 세계로 향하는 관문이 됐다. 평소 금산은 인삼을 사기 위해 방문했던 곳인데, 그림책을 보기 위해 방문하려니 색다른 느낌이었다. 무엇보다 그림책이 하나의 주제가 되어 마을로 조성되었다는 점이 신기했다. 사면이 푸른 산으로 둘러싸여 있는 그곳은 그림책과 아이를 좋아하는 사람들이 오랜 시간 정성 들여 만든 공간이었다. 실내는 다양한 책을 읽을 수 있도록 여러 주제로 공간을 구성했으며, 야외는 책 속에서 보았던 공간을 직접 체험할 수 있도록 조성했다. 그림책 세상 속 여러 여행지를 상상이 아닌 눈으로 보고 느낄 수 있다는 점이 신기하고 좋았다. 그림책에서 봤던 다양한 노란색 버스를 이야기하면서 야외에 조성된 노란색 버스에 관심을 보이던 주영이를 보며, 앞으로 다닐 여행지의 기준을 다시 생각하게 됐다.

나는 매일 반복되는 일상에서 벗어나 새로운 곳에서 푹 쉬다 다시 일상으로 돌아오는 것을 여행이라 생각했다. 그런데 여행이 끝나 갈 무렵은 쉬어도 쉰 것 같지 않았고 오히려 몸이 피곤했다. 어떤 여행은 다녀오고 나서 '역시 집이 최고지!'란 말이 절로 나오기도 했다. 사실 모든 여행이 비슷했고, 앞으로의 여행도 이와 크게 다르지 않으리라 생각했다.

그런데 당일치기로 다녀온 〈지구별 그림책 마을〉 여행은 그 어떤 때보다 에너지를 얻는 느낌을 받았다. 집으로 돌아와 그곳에서 보았던 그림책을 다시 찾는 아이를 보며 내심 뿌듯해지기도 했다.

아이는 시간이 지나서도 생각날 때마다 지난 여행을 이야기하곤 했다. 나만의 만족이 아닌 우리 모두 함께 즐기는 여행이었다는 것을 알 수 있었다. 그저 쉼을 목적으로 갔다면 여행에서 오는 이런 충만함을 느낄 수 있었을까. 다른 여행과 달리 〈지구별 그림책 마을〉로 떠난 여행에서는 그림책을 통해 색다른 세계를 만날 수 있었고, 무엇보다 좋아하는 것에 집중할 수 있는 힘을 얻었다는 것이 가장 큰 소득이었다.

〈지구별 그림책 마을〉 여행 이후 우리는 자주는 아니더라도 그림책이 있는 공간과 관련한 곳을 찾아다니기 시작했다. 전처럼 아무 목적 없이 가는 여행이 아닌 서로가 좋아하는 관심사를 주제로 잡고 계획을 세우니 여행지 찾기가 수월해졌다. 어디 갈까 고민하는 시간을 훨씬 줄일 수 있고, 다녀와서 아이와 함께 이야기할 수 있는 시간도 더 많아져 지인들에게도 추천하곤 한다. 나만 좋은 여행이 아니라는 점이 좋았다. 그림책뿐만 아니라 과학, 박물관, 미술관 등 가족이 좋아하는 관심사로 여행을 계획하고 실행에 옮긴다면, 여행을 다녀와서 '집이 최고야!'라는 말은 덜하게 되지 않을까?

주영이가 5살 때 함께 여행을 다녔던 가족이 있었다. 그들은 매달 중학생 딸이 좋아하는 천문대를 주제로 여행을 다녔다. 아이들 나이 차가 있음에도 우리가 함께 여행할 수 있었던 것은, 그 당시 주영이가 별 보는 걸 좋아했기 때문이다. 훌쩍 자란 지금의 주영이는 5살 무렵의 여행은 기억하지 못한다. 하지만 별자리 관련 그림책을 자주 읽고, 동생과 함께 밤하늘을 보며 그리스 로마 신화에 대해 이야기하는 것을 보면, 어린 시절의 경험이 헛되지는 않았다고 생각한다. 이쯤 되면 쉼이라는 두리뭉실한 여행보다 가족 모두가 좋아하는 하나의 주제 여행이 아이들에게 긍정적인 영향을 주는 것 같다.

주영이는 초등학교 고학년이 되어서도 가끔씩 "엄마, 오늘은 데리러 나올 거지?" 하고 말했다. 그런 날이면 다 큰 애가 왜 저러나 하고 한숨 쉬기보다는, 오늘은 둘만의 그림책 여행을 떠나기로 마음먹고 그림책 한 권을 옆구리에 끼고 나갔다. 거창한 계획을 세워 멀리 떠나는 것만이 여행이 아니다. 그림책을 읽으며 일상 속에서 머나먼 세계로 여행을 떠날 수도 있는 것이다.

초등학생이 그림책을 활용하는 방법은?

내가 책이라면, 오랫동안 꼭꼭 숨겨 놓은 비밀들을 사람들과 함께 나누고 싶어요.

-《내가 책이라면》(쥬제 죠르즈 레트리아 글, 안드레 레트리아 그림, 임은숙 옮김, 국민서관, 2012)

　그림책을 좋아하는 엄마들과 그림책 낭독 모임을 만들어 꽤 오랫동안 함께했다. 코로나19로 아이들의 개학이 미뤄졌을 때도 모임은 꾸준히 이어졌고, 그러다 한번은 주영이도 함께 참석했다. 엄마와 나이가 비슷한 어른들이 서로에게 그림책을 읽어 주고 이야기하는 모습을 처음 보았던 주영이는 집으로 돌아오는 길에 다음 모임에도 같이 가고 싶다고 말했다. 아이에게 엄마 혼자 하는 것이 아닌 함께하는 모임이니 먼저 물어보겠다고 말하고, 모임의 다른 분들께 양해를 구했다. 일주일에 하루 2시간, 혼자 집에 있어야 하는 아이에게 미안했던 터라 같이 가고 싶은 마음이 컸다. 모두 비슷한 또래의 아이를 키우는 엄마들이다 보니 긍정적으로 받아 주었다. 처음에는 그림책을 읽어 주는 것도, 함께 이야기를 나누는 것도 부끄러워했다. 아이가 스스로 한다고 하기 전까지 모두 기다렸고, 몇 번의 도전 끝에 부끄러움을 이겨 내고 꿋꿋하게 자기가 가지고 온 그림책을 끝까지 낭독했다.

이후로 아이는 한 번도 빠지지 않고 자신이 가지고 간 그림책을 엄마들 앞에서 읽었다. 그때의 경험이 사고력과 발표력을 키워 주었다는 것을 학교 선거를 준비하는 아이를 보면서 알 수 있었다.

처음부터 모임의 주체가 아이가 아닌 어른이다 보니 함께 보기 위해 가지고 온 그림책이 부조리한 사회 제도에 대해 생각할 수 있는 다양성을 지닌 그림책, 아이의 입장을 다시 한번 생각해 보게 하는 그림책, 역경을 딛고 일어서 고난을 극복하는 내용의 그림책 들이었다. 그동안 아이가 집에서 많이 접했던 그림책은 엄마인 내가 선택하고 구매한 그림책이었다면, 그림책 모임에서는 여러 사람들의 관심사가 반영된 다양한 주제의 책을 보게 되었다.

하루는 헐레벌떡 뛰어온 아이가 가방도 신발도 벗지 않은 채 현관에 서서 말했다.

"엄마, 반에서 회장 선거 한대요. 저도 선거에 나갈 거예요."

아이는 내 눈을 보고 쉬지 않고 자신의 포부를 말했다.

"우아, 완전 멋지다! 엄마는 앞에 나가 말하는 게 부끄러워서 그런 건 생각도 못 했는데, 어떻게 용기를 냈어? 떨리지 않겠어?"

떨리지만 잘할 수 있다는 아이의 말을 들으며 어디서 이런 용기가 나왔을까 궁금하여 내내 생각해 보았다. 내 눈앞에 보이는 아이의 외적 성장은 확연히 알 수 있지만, 내적인 성장은 눈에 보이는 것이 아니기에 잘 크고 있나 궁금했었다. 그런데 이처럼 도전하는 모습을 보며 아이는 나름대로 잘 성장하고 있다는 것을 알 수 있었다.

선거를 위해 저녁 늦게까지 발표를 준비하고 아침에도 일어나 연습을 하는 등 자신의 목표를 위해 고군분투하는 모습을 보니 마음이 찡하면서도 기특했다. 밥을 먹으면서도 계속 뭐라고 웅얼웅얼거리고, 심지어 양치질을 하면서도 거울 속 자신을 비춰 보며 쫑알쫑알댔다. 학교 가기 위해 신발을 신는 뒷모습을 보는데, 가방 한쪽에 빼꼼 고개를 내밀고 있는 돌돌 말린 종이가 눈에 들어왔다.

"주영, 이건 뭐야?" 하고 물어보는 나에게 아들은 웃을 듯 말 듯한 표정으로 되물었다.

"엄마, 그 그림책 제목이 뭐였지요?"

"어떤 거?

"별마다 특징을 붙여서 이야기했던 그림책이요. 다른 별?"

"아!《다다다 다른 별 학교》(윤진현 글·그림, 천개의바람, 2018)."

"맞아요. 저 우리 반을 그렇게 표현했어요. 큰 우주에 우리는 모두 다양성을 지닌 행성! 친구들의 다양성을 존중하고 배려하는 회장이 되고 싶다고 발표하려고요."

엄지를 척 올리며 아이를 배웅했다. 자주 보는 어느 SNS 채널에서 선생님들이 개학 전 아이와 학부모가 함께 읽으면 좋은 그림책을 추천해 주어 도서관에서 대출하여 읽은 책이다. 그때 내가 먼저 읽고 아이가 보면 좋을 것 같은 그림책을 책상 위에 올려놓았는데, 이렇게 활용할 줄 상상도 못 했다. 그림책 제목처럼 우리 아이 또한 내가 알던 별과 다른 별이었다.

    그날 저녁 아빠에게 회장 선거 준비부터 투표까지 떨렸던 순간순간을 이야기하는 아이를 자세히 바라보니 뿌듯함과 자신감이 보였다. 주영이는 그림책을 읽고 자기 삶에도 적용해 봄으로써 책이 숨겨 놓은 비밀들을 알게 되었던 것 같다. 이제는 자신감을 가지고 친구들에게 그림책을 읽어 준다고 하니 다른 친구들과 함께 더 많은 책 속의 비밀들을 알아 갔으면 한다.

아이의 삶에 깊이 스며든 그림책

　매년 우리가 사는 지역에선 작은 도서관 주최로 어린이 동시 대회가 열린다. 지인을 통해 행사를 알게 되었는데, 그 당시 신청이 마감되어 다음 해를 기약했었다. 그림책 대출과 활동 프로그램에 참여하기 위해 참새가 방앗간 들락거리듯 도서관을 다녔다. 사서 선생님을 자주 보게 되니 좋은 프로그램을 알려 주었고, 잊고 있었던 동시 대회 소식도 알게 됐다. 신청서를 내기 전 아이와 함께 동시 대회에 관련해서 이야기를 나누었다.

　"주영아, 《슈퍼 거북》 첫 장면 기억나? 꾸물이가 경주에서 토끼를 이기고 기뻐하던 모습."

"그럼요. 얼마나 기뻐했는데요."

"그 뒤에 꾸물이가 계속 행복했어?"

"아니요. 별로 안 행복했죠."

"왜 행복하지 않았을까?"

"거북이는 느린데 토끼처럼 빨라지려고만 해서요."

"엄마는 주영이가 거울에 비친 꾸물이처럼 이기기 위해 힘든 얼굴을 가지게 된다면 마음이 아플 거 같아. 그래서 이번 동시 대회는 경험 주머니에 넣을 경험을 모으기 위해 나가는 거라고 생각해 보면 어떨까? 그리고 네가 쓴 글은 심사위원만 볼 수 있어. 엄마도 못 봐. 그러니까 부끄러워하지 않아도 돼."

학교가 아닌 다른 곳에서 주최하는 대회는 처음이라 나도 아이 못지않게 부담이 됐다. 더구나 아이는 초등학교 전 학년이 응모한다는 이야기를 듣고 더 큰 부담감을 느꼈을 것이다. 하지만 언젠가 참여해야 한다면 지금이 여러 의미에서 시작하기 좋은 학년이라 생각했다.

아이와 함께 참가 신청서를 제출하고 평소와 다를 것 없는 하루를 보냈다. 그날은 아침부터 비가 많이 내려 둘째와 나는 집에 있고 남편과 주영이만 대회장에 가게 됐다. 아이가 외부에 홀로 참여하는 첫 행사라 걱정이 되기는 했지만, 나의 우려와는 달리 결과는 좋았다. 아이가 부담을 느낄까 봐, 상을 타지 못하고 실패의 경험을 쌓는 것이 싫어 신청하지 않았다면, 우리에게 의미 있는 기억으로 남지 못했을 것이다.

그 뒤로도 주영이는 학교 안팎에서 열리는 다양한 행사에 적극적으로 참여해서 보석같이 반짝이는 경험들을 쌓아갔다. 그동안 꾸준히 그림책을 읽고, 글을 쓰고, 다른 사람들 앞에서 자기 생각을 표현하던 것이 밑거름이 되어, 조금은 소극적이었던 성격이 서서히 변화해 간 것이다.

그림책 작가님을 만나고, 전시회를 다녀오고, 좋아하는 작가님과 편지를 주고받고, 가족들과 함께 그림책을 주제로 여행을 떠나고, 그림책의 한 장면으로 친구들의 마음을 움직이고, 이 모든 그림책의 경험들이 아이에게는 천천히 스며든 일상이었고 놀이였다.

아이는 부모의 모습을 보고 자란다고 한다. 나는 부모도 아이를 보며 함께 성장한다고 생각한다. 혼자 좋아서 시작했지만, 나 혼자만 좋아했다면 지금처럼 아이와 함께 다양한 활동을 하지 못했을 것이다. 특히 내가 좋아하는 그림책을 거부감 없이 함께해 주었다는 점에서 늘 고마운 마음이다.

이제 주영이는 그림책보다 청소년 문학책을 많이 본다. 예전보다 많이 줄었지만, 그래도 틈틈이 그림책이 꽂혀 있는 책장 앞에서 시간 가는 줄 모르고 책을 읽는다. 아직 한글을 모르던 둘째 주호가 형 옆에서 따라 읽으려는 모습을 보고, 둘째는 부모가 아닌 형의 모습을 보고 자란다는 우리 집만의 이야기를 만들기로 했다.

여전히 나는 그림책을 보지만, 아이에게 보라고 강요하진 않는다. 말하지 않아도 스스로 그림책 세계로 들어가 실컷 놀다 올 것을 알기 때문이다. 그림책으로 노는 아이, 그림책으로 성장한 아이, 그림책이 키운 아이. 내겐 늘 감사한 그림책이다.

2

부모와 함께 놀며 성장하는 아이

열정과 끈기의 가족 문화 만들기

 '모든 것은 보이지 않는 작은 틈으로부터 시작한다.'는 글을 본 적이 있다. 농사를 짓는 엄마는 겨울 말고는 늘 바빴다. 세상의 모든 일이 다 엄마의 몫인 것처럼 할 일이 많았다. 바쁜 엄마와는 함께할 수 있는 일이 별로 없었다. 모든 농작물은 하루아침에 쑥쑥 크는 것이 아니라 일정한 시간을 보내야만 익는 시기를 맞이한다. 농사를 지으며 그때그때 해야 할 일을 놓치면 이다음에 어떤 영향을 미치는지 엄마도 나도 잘 알았다. 그렇게 어려서부터 나는 그때그때 할 일을 찾아서 척척 해내는 습관이 몸에 밴 채 어른이 되었다.
 첫째가 어린이집에 들어가면서 내게 집중할 수 있는 시

간이 전보다 더 많아졌다. 우연한 기회에 블로그도 개설하고 기록을 남기기 시작했다. 어느 날 선물받은 원단으로 아이 이불을 만들었다. 뿌듯한 마음에 지역 카페에 공유하였고, 바느질로 여러 사람들의 칭찬을 받게 됐다. 칭찬은 고래도 춤추게 한다더니, 나를 모르는 사람들에게서 긍정적인 반응을 얻자 출산 후 처음으로 좋아하는 일을 찾는 계기가 됐다.

사랑스러운 아이와 함께하는 일상도 행복하다. 하지만 나에게 집중하며 감정적으로 흔들리지 않도록 내가 좋아하고 싫어하는 것을 다시 찾아보고 싶었다. 바느질이 아니더라도 자존감을 일으켜 세워 줄 수 있는 것들이 필요했다. 내가 좋아하는 일을 함으로써 그 에너지가 아이에게 전달되어 아이도 나도 함께 행복해지고 싶었다. 작지만 꾸준히 할 수 있는 것들을 찾아서 나만의 루틴을 만들기 시작했다.

아무리 열정과 끈기가 있다고 하여도 혼자서 꾸준히 하기란 쉬운 게 아니었다. 온라인으로 공통점을 가진 사람들을 만나기 시작하였다. 혼자 하는 것보다 함께하는 것의 긍정적인 에너지를 알게 됐다. 그러다 보니 기왕이면 가족과 함께, 아이와 함께하고 싶었다. 처음에는 욕심이라기보다 좋은 것을 함께하자는 생각이 컸는데 가족은 나와 반대였나 보다. 숙제 같아서 부담된다는 아이의 말에 억울한 마음이 들었다. 하지만 내가 좋아하는 것을 아이에게 강요하면 안 된다는 것을 알기에 서운한 마음을 꾹 참고 "그래, 안 해도 돼. 엄마만 해도 돼. 혹시 하고 싶으면 말해."라며 쿨하게 넘기는 척했다. 그런데 다시는 안 할 것 같았던 아이가 스스로 하나씩 하나씩 함께하기 시작했다.

 이제부터 이야기하게 될 달리기, 필사, 신문 보기 등은 하다 보니 꾸준히 하게 되었고, 하다 보니 남편과 아이가 함께했고, 하다 보니 가족 문화의 하나로 자리 잡은 것들이다.

 주변에서는 늘 나에게 애쓰며 바쁘게 산다고 한다. 물론 나도 가끔은 이러한 것이 과연 우리 가족에게, 나에게 도움이 될까 하는 의문이 생길 때도 있다. 그러나 내가 좋아하고 관심 있어 하는 것이 무엇인지 알아가는 일은 충분히 의미 있다고 생각한다. 그리고 그런 내 모습을 보며 아이도 적극적으로 자신이 좋아하는 일을 찾아가기를 바란다.

현관문 열기 힘든 아침,
달리기가 이룬 기적

"달리기를 하면서 제일 힘든 점이 무엇이었나요?"

"현관문 열기요."

달리기 모임 '낭만러너스'를 모집한다는 소식을 보고 바로 신청했다. 만보 걷기는 꾸준히 하고 있었지만 달리기는 내가 할 수 있는 운동이 아니라는 생각에 시도조차 하지 않았다. 언젠가부터 집에 있는 시간이 늘어나면서 걷기 외에도 다른 운동이 꼭 필요한 상황까지 내몰렸다. 그래도 그동안 걷기를 꾸준히 해 왔기에 달리기 또한 그럭저럭 잘할 수 있으리라 생각했다. 오만이었다.

'낭만러너스'는 각자 혼자 달리면서 단체 톡방이나 카페에 인증 기록을 공유하는 모임이다. 혼자 달릴 수 있는 시간대를 고민하다 가족 모두가 잠든 이른 아침을 선택했다. 첫날, 멋지게 이어폰을 귀에 꽂고 짧은 준비 운동을 하고 현관문을 열었다. 추위를 잘 타는 나에게 시베리아 날씨에 비유될 만큼 차가운 바람이 훅 몰려왔다.

 '시작했으니 반이라도 달려야지.' 하는 마음으로 달리기를 시작했다. 그러나 눈길에 넘어져 뒹굴고, 얼굴에 스치는 바람은 매섭고, 안경에 서린 김 때문에 앞은 보이지 않았다. 5분 뛰고 쉬고, 3분 뛰고 쉬고, 달리기라 말하기에 민망할 속도로 걷고 뛰기를 반복했다.

 달리기 첫날은 뛰는 것이 힘들어 어떤 생각도 나지 않았다. 진짜 위기는 둘째 날부터였다. 현관문을 밀고 나가느냐, 나가지 않느냐 하는 오롯이 나 자신과의 싸움이 이어졌다. 어떤 날은 이기고, 어떤 날은 지기도 했지만 포기하지 않았다.

 달리기할 때마다 남편에게도 인증 사진을 보냈다. 쉬지 않고 3킬로미터를 6분대 페이스로 뛰었을 때, 남편이 엄지를 치켜 든 이모티콘을 보내며 자신도 아침 달리기를 하고 싶다고 했다. 안 그래도 온 가족이 점점 동글동글해져 함께하면 좋겠다고 생각하던 터였다.

  남편도 아침 달리기를 시작했다. 아빠와 엄마가 아침 달리기를 하다 보니 큰아이와 작은아이 둘만 집에 남게 됐다. 하루는 아침 달리기를 마치고 집에 들어가니 큰아이가 계란으로 프라이를 해 주었다. 엄마 아빠가 없으니 눈이 저절로 떠졌다는 아이. 고마웠다. 그 뒤로도 여러 번 아이는 운동을 하고 돌아온 우리에게 계란 프라이를 해 주었다.

  "아침 일찍 일어나는데 너도 같이 뛰어 볼래?"

  "그럼 주호는요?"

  "엄마가 볼게. 우선 아빠와 함께하면 어때?"

  "음…… 생각해 볼게요."

  느닷없이 던진 달리기 이야기가 아니었다. 되도록 아이가 같이 뛰고 싶다고 하기 전까지 먼저 말하지 않으려고 했는데, 기다려도 도통 말이 없길래 결국 내가 슬쩍 말을 꺼내게 됐다. 어쩌면 아이는 자신과 같이 달리기하고 싶은 엄마의 꼼수를 알아챘는지도 모르겠다. 바로 하겠다는 말보다 '생각해 볼게요.'라고 대답한 걸 보면.

  비 오는 날은 달리기 대신 계단을 오르거나 집에서 실내 자전거를 탔다. 눈 오는 날에는 눈 날리는 영상을, 길가에 다른 사람이 만든 눈사람 사진 등을 아이와 공유했다. 이것이 아이의 마음을 움직이는 계기가 됐던 것 같다. 조그만 눈사람 사진을 보고 자신도 만들고 싶다고 했다. 학원 가는 시간에 만들면 된다고 했더니 오후에는 눈이 없다고 했다.

"그럼 아침에?"란 말이 나도 모르게 나왔다. 잠시 생각하더니 이내 "아빠랑!"이란 아이의 조건이 붙었고, 내심 서운했지만 한다고 말하는 게 어디냐는 생각에 바로 "콜!"을 외쳤다.

다음 날 제일 먼저 일어난 나는 따뜻한 물을 끓여 놓고 남편과 아이가 일어나기를 기다렸다. 알람 소리를 듣고 일어난 남편이 조용히 아이를 깨웠다. 잠이 덜 깬 상태로 아이는 따뜻한 물을 먹고, 챙겨 두었던 옷을 입고 나갈 준비를 했다. 잘 뛰고 오라는 말을 하며 아이를 안아 주는데 순간 아이의 정수리가 보이지 않아 당황했다. '많이 컸구나!'

현관문을 열고 나가는 아이를 보며 한 달 전 내 첫 달리기가 떠올랐다. '아무 생각 없이 나도 저렇게 현관문을 열고 나갔었는데.', '힘들어서 안 간다고 하면 어쩌지?' 아이가 달리기를 시작해서 좋기도 했지만 한편으로는 걱정스럽기도 했다. 30분이 지나자 달리기하러 나갔던 부자가 들어왔고 나는 제일 먼저 아이의 얼굴을 살펴보았다. 매서운 겨울 아침 바람에 빨갛게 상기된 아이의 볼이 눈에 들어왔다.

"어땠어? 운동은 할 만해?"

"……."

"엄마도 첫날은 정신없었는데, 아빠랑 뛰니까 좋았어?"

"……."

'망했군.' 아이가 대답이 없자 괜한 욕심을 부렸다는 생각에 후회가 밀려들었다. 먼저 말할 때까지 기다리자고 다짐했는데 왜 먼저 말을 해서……. 잠시 후 조용히 듣고만 있던 아이가 "나, 계란 프라이."라고 말을 꺼냈다.

"아, 맞다. 계란 프라이." 아침 달리기를 하고 왔을 때 아이가 해 주었던 음식을, 이제는 반대로 달리기하고 온 아이를 위해 준비한다는 게 기분이 묘했다. 계란 프라이를 먹으며 '달리기가 힘들었네.', '손이 시렸네.', '귀도 시렸네.', '아빠랑 뛰니까 좋았네.' 등등 쫑알쫑알 이야기하는 아이를 보니 걱정이 눈 녹듯이 사라졌다.

'됐다.'

아침 달리기 시간은 남편과 아들에게 양보하고, 늦은 저녁 달밤 러닝을 시작했다. 아침을 열어 주는 모닝 러닝이 나에게 더 잘 맞지만, 동글동글 귀여운 아들이 꾸준히 뛰었으면 하는 마음에 기꺼이 양보했다.

어느 정도 시간이 지나면 둘째 역시 형을 보며 함께 뛰자고 이야기하는 날이 오지 않을까? 가끔 남편과 아들도 아침에 현관문을 열지 못할 때가 있다. 다음 날 현관문을 다시 열 수 있게 돕는다는 핑계로 잔소리를 할 때도 있지만, 결국 달리기는 오롯이 자신과의 싸움이라는 것을 알기에 조용히 입을 다문다. 만약 '달리기하면 뭐가 좋더라.' 하는 식으로 이야기를 했다면 아이는 달리지 않았을 것이라 확신한다. 현관문을 열고 나가는 소리를 듣고 일어나 계란 프라이를 준비할 때부터 아이는 엄마 아빠의 달리기 시간으로 조금씩 들어오고 있었다.

나도 처음부터 혼자였다면 꾸준히 달리기를 할 수 없었을 것이다. 오늘은 추우니까, 비 오니까, 바람이 많이 부니까, 눈 오니까 등 여러 핑계로 뛰지 않았을 것 같다. 옆에서 같이 달리지는 않았지만 오늘의 달리기 인증을 하며 함께하는 사람들이 있었기에 포기하지 않을 수 있었다.

빨리 가려면 혼자 가고 멀리 가려면 같이 가라는 말이 있다. 달리기도 마찬가지다. 결국 나 자신과의 싸움이지만 스스로 재미를 찾을 수 없다면 끝까지 해내지 못한다. 그럴 때 함께하는 사람들이 있다면 꾸준히 할 수 있는 동기가 되기도 할 것이다. 내가 달리는 사람들을 보며 함께하고 싶어 현관문을 열었던 것처럼.

꿈이 현실이 되는 놀라운 마법, 보물지도

 달리기의 시작, 현관문 열기. 우리 가족은 현관문 앞에서 망설이는 시간을 줄이기 위해, 또는 더 신나게 열어젖히기 위해 우리만의 노하우를 만들었다. 그것은 바로 문 앞에 각자의 소중한 꿈을 담은 보물지도를 붙여 놓는 것이다. 달리기가 망설여질 때 현관문에 붙은 보물지도를 보면 바로 운동화를 신게 된다. 보물지도 안에 있는 나의 꿈이, 가족의 꿈이 현관문을 열어야만 가능하다는 것을 알기 때문이다.

 보물지도, 어릴 적 보았던 《피터 팬》에 자주 등장하는 단어였다. 보물이 있는 곳을 알려 주는 지도라는 설정에 재미있는 상상을 하기도 했지만, 은연중 현실에 사는 나와는 전혀 관련 없는 단어라고도 생각했다. 성인이 되면서 더더욱 보물지도라는 단어는 내 주변의 사람들 입에서 들을 수 없었고, 나 역시 입 밖으로 꺼내는 일이 없었다. 그러다 주영이가 10살 때 보물지도와 관련된 책을 우연히 읽게 되었고, 보물이란 것이 단순히 내가 생각했던 물질적인 것이 아니라 내 꿈과 연관 지을 수 있다는 것을 알게 됐다.

꿈은 구체적일수록 행동하고 실행하기 쉬운데, 글로 적은 꿈들은 매우 포괄적이었다. 머릿속에 있는 것을 그대로 흘려보내지 않고 글로 쓰는 방법은 좋았으나, 이미지가 그려지지 않다 보니 먼 미래처럼 느껴져 자주 보게 되지 않았다. 그런데 꿈과 관련된 구체적인 사진들을 이용해 보물지도를 만들면서, 그동안 글로 적었던 꿈의 목록이 이루어지지 않은 이유를 깨달았다. 글로 적는 목표가 공부, 독서, 운동처럼 단순하다면 보물지도는 더 구체적이어야만 했다.

글로 쓰는 것보다 훨씬 어려웠던 꿈의 이미지 찾기. 만드는 데 많은 시간이 걸리고 할 일은 뒤로 밀렸지만, 꿈으로 가는 길을 내가 직접 만들고 있는 듯한 생각이 들었고 이 모든 과정이 무척이나 흥미로웠다. 다 만들어진 보물지도를 여러 장 출력해 냉장고, 베란다 창문, 현관문에 붙여 놓았고, 이를 지켜보던 주영이도 스스로 보물지도를 만들기 시작했다. 주영이는 방과 후 교실에서 배우던 파워포인트를 활용해 자기만의 방식대로 사진을 찾아 꿈으로 가는 보물지도를 만들었다.

꿈이 사진으로 붙어 있는 보물지도를 보니 글로 썼을 때보다 서로의 꿈에 대해 더 구체적으로 알 수 있었다. 완성된 주영이의 보물지도에는 등산하기, 아빠와의 체스에서 승리하기, 수학 예습 완료하기, 컴퓨터 자격증 2개 따기, 팝송 3곡 외우기 등등 매우 구체적으로 꿈을 표현했다.

그해 5월에는 보물지도에 적힌 여러 꿈에 대한 진도를 살펴보았다. 주영이와 나는 벌써 반쯤 이루었다. 내가 작가가 되기 위해 분주하게 움직이고 있었다면, 주영이는 컴퓨터 자격증을 땄고, 팝송 3곡 중 2곡을 외웠다. 매일 현관문을 열기 전 눈으로 직접 내 꿈을 확인했기 때문에 가능한 것이 아니었을까.

꿈과 계획을 생각만 하는 것보다 글로 써 보는 것은 좋은 방법이다. 다만 글은 상상할 수 있다는 장점이 있지만, 상상의 이미지가 매번 바뀌는 것이 문제라면 문제였다. 그래서 처음 보물지도를 만들 때 주영이도 나도 알맞은 이미지 찾는

혀 관련 없는 단어라고도 생각했다. 성인이 되면서 더더욱 보물지도라는 단어는 내 주변의 사람들 입에서 들을 수 없었고, 나 역시 입 밖으로 꺼내는 일이 없었다. 그러다 주영이가 10살 때 보물지도와 관련된 책을 우연히 읽게 되었고, 보물이란 것이 단순히 내가 생각했던 물질적인 것이 아니라 내 꿈과 연관 지을 수 있다는 것을 알게 됐다.

꿈은 구체적일수록 행동하고 실행하기 쉬운데, 글로 적은 꿈들은 매우 포괄적이었다. 머릿속에 있는 것을 그대로 흘려보내지 않고 글로 쓰는 방법은 좋았으나, 이미지가 그려지지 않다 보니 먼 미래처럼 느껴져 자주 보게 되지 않았다. 그런데 꿈과 관련된 구체적인 사진들을 이용해 보물지도를 만들면서, 그동안 글로 적었던 꿈의 목록이 이루어지지 않은 이유를 깨달았다. 글로 적는 목표가 공부, 독서, 운동처럼 단순하다면 보물지도는 더 구체적이어야만 했다.

글로 쓰는 것보다 훨씬 어려웠던 꿈의 이미지 찾기. 만드는 데 많은 시간이 걸리고 할 일은 뒤로 밀렸지만, 꿈으로 가는 길을 내가 직접 만들고 있는 듯한 생각이 들었고 이 모든 과정이 무척이나 흥미로웠다. 다 만들어진 보물지도를 여러 장 출력해 냉장고, 베란다 창문, 현관문에 붙여 놓았고, 이를 지켜보던 주영이도 스스로 보물지도를 만들기 시작했다. 주영이는 방과 후 교실에서 배우던 파워포인트를 활용해 자기만의 방식대로 사진을 찾아 꿈으로 가는 보물지도를 만들었다.

꿈이 사진으로 붙어 있는 보물지도를 보니 글로 썼을 때보다 서로의 꿈에 대해 더 구체적으로 알 수 있었다. 완성된 주영이의 보물지도에는 등산하기, 아빠와의 체스에서 승리하기, 수학 예습 완료하기, 컴퓨터 자격증 2개 따기, 팝송 3곡 외우기 등등 매우 구체적으로 꿈을 표현했다.

그해 5월에는 보물지도에 적힌 여러 꿈에 대한 진도를 살펴보았다. 주영이와 나는 벌써 반쯤 이루었다. 내가 작가가 되기 위해 분주하게 움직이고 있었다면, 주영이는 컴퓨터 자격증을 땄고, 팝송 3곡 중 2곡을 외웠다. 매일 현관문을 열기 전 눈으로 직접 내 꿈을 확인했기 때문에 가능한 것이 아니었을까.

꿈과 계획을 생각만 하는 것보다 글로 써 보는 것은 좋은 방법이다. 다만 글은 상상할 수 있다는 장점이 있지만, 상상의 이미지가 매번 바뀌는 것이 문제라면 문제였다. 그래서 처음 보물지도를 만들 때 주영이도 나도 알맞은 이미지 찾는 것이 무척이나 힘들었다.

인간의 뇌 속에 있는 '해마'라는 부분이 기억을 담당한다. 감각기관을 통해 반복적으로 들어온 정보는 장기 기억이 되고, 장기 기억은 다시 잠재의식이 되어 생각과 행동을 자연스레 지배하게 된다. 대학 시절 교육학을 전공하면서 이론은 빠삭하게 알고 있었지만, 살다 보니 거의 잊고 지냈다. 그런데 이미지들로 만들어진 보물지도를 자주 들여다보고 이로 인해 꿈이 이뤄진 경험을 겪으며 잠재의식에 대해 다시 생각하게 됐다. 아이들의 잠재력은 무궁무진하다는 말이 이해되면서, 이 잠재력을 발현하는 방법 중 하나가 보물지도였음을 알았다.

아이는 학교에 가기 전 자신이 만든 보물지도를 보며 현관문을 열고 나간다. 한 치 앞도 내다볼 수 없는 삶을 살면서 내 인생에 로또 같은 행운이 찾아올 때를 기다리는 것이 아닌, 스스로 행운을 만들게 하는 보물지도. 주영이는 보물지도 중 이뤄진 꿈이 있으면 다시 새로운 꿈을 지도에 그려 넣는다.

아이가 무슨 생각을 하는지 정확히 알 수는 없지만, 보물지도를 보면 아이가 바라는 꿈이 무엇인지 어느 정도 알 수 있다. 보물지도 만들기는 매년 우리 집의 첫 번째 가족 행사가 됐다. 꿈을 선언하고 하루아침에 이루진 못해도 그 꿈을 향해서 열심히 살아가고 있다. 내가 만드는 하루하루가 미래의 조각이 되는 것처럼, 아이가 지금 쌓아 가는 하루하루도 아이가 꿈꾸는 미래의 조각이 될 것이다.

스스로 책 읽는 마법, 가족 필사

 내가 사는 지역의 한 공공 문화 공간에서는 어린이와 온 가족을 대상으로 재밌는 문화 행사를 자주 기획한다. 평소 경험할 수 없는 다양한 행사가 많아서, 이번에는 또 무슨 행사를 하는지 궁금해하며 소식을 챙겨 보는 편이다. 그러던 중 '우리를 읽고 쓰는 시간'이라는 주제의 100일 필사단 모집을 보았다. 신청자에게만 수제 노트를 선물로 준다는 공고에 혹해서, 더불어 글씨를 좀 더 잘 쓰고 싶은 마음에 신청하게 됐다. 그런데 혼자 신청하고 나니 아무리 생각해도 우리 집에 글씨를 잘 썼으면 하는, 책을 더 많이 보았으면 하는 사람이 생각났다. 남편과 아들.

필사를 대신 해 줄 수는 없으니, 남편에게 이런저런 이유를 설명하면서 '가족 프로젝트'로 함께해 보자고 권유했다. 평소 가족과 함께하는 일에 긍정적이었던 남편이 바로 수락하자, 나와 남편, 아이 이름으로 신청서를 보냈다.

가족 중 3명이 필사 신청을 했더니 참여자를 모집하는 곳에서 가족 단위 신청자는 우리밖에 없다며 앞으로의 필사 계획에 관심을 보였다. 며칠 후 각자의 이름으로 노트가 도착했다. 노트 안의 구성은 같지만, 표지 색깔이 각각 다른 노트였다.

필사 팁 첫 번째,
노트는 내가 가장 마음에 드는 것으로 고르기!

필사 노트는 개인의 취향을 반영하여 고르기를 추천한다.

필사 프로젝트에 참가한 모든 사람에게 무작위로 노트를 보내 주었기에 참가자 단톡방에 '필사 노트 소개하기' 미션이 있었다. 필사가 무슨 말인지도 잘 모른 채 노트를 받고 좋아하는 아이에게 노트 소개하기 미션을 함께 찍자고 했다.

그제야 아이는 자신이 받은 노트가 무슨 의미인지 알게 됐다. 그런데 싫어할 줄 알았던 아이는 어른들 위주의 프로젝트에서 유일한 어린이라는 말에 매우 뿌듯해하면서, 적극적으로 노트 언박싱 영상을 촬영하고 편집했다. 그 모습을 보며 물어보지 않고 신청해 미안한 마음과 혹시나 싫다 하지 않을까 하는 불안한 마음이 사라졌다.

아이가 자랄수록 내 마음속에서는 아이를 잘 키워야 한다는 책임감이 들었다. 점점 책임감이 커졌고, 그럴수록 아이와 함께 시간을 늘리려고 노력했다. 자칭 좋은 엄마라 생각했는데 시간이 갈수록 내가 생각했던 것보다 결과가 나오지 않으면, 정해 놓은 기준에 미치지 못하면 신경질적으로 변하는 모습이 보였다. 처음에는 아이의 잘못이라 생각했는데, 아이와 함께 보내는 시간에 대한 보상을 결과를 통해 얻으려고 한 내 마음을 알아차렸다.

'너 때문에'라는 말을 아이에게 하고 싶지 않았고, '엄마 때문에'라는 말을 듣고 싶지 않았다. 아이는 아이대로 나는 나대로, 이런 마음으로 아이와 적당한 거리를 두며 지내 왔기에, 불쑥 신청한 필사가 아이에게 부담이 되진 않을까 하는 불안감이 들었던 것이다.

가족과 함께하는 것이기에 좋다는 아이의 말을 듣고 고마운 마음이 들었다. 숙제하듯이 하는 것은 바라지 않는다고, 각자 읽고 있는 책으로 처음부터 끝까지 쓰는 것도 좋지만, 쓰는 양에 상관없이 오늘 읽은 부분 중 나에게 다가온 부분을 쓰는 것에 집중하자는 우리만의 규칙을 정했다.

필사 팁 두 번째,
필사는 내가 좋아하는 책 혹은 지금 읽고 있는 책부터 시작하기!

다른 사람들이 추천하는 책보다 내가 좋아하는 책으로 시작해야 재미있게 꾸준히 할 수 있다. 책 전체 내용을 적는 것도 좋지만 마음에 와닿는 문장을 골라 적는 것부터 시작해 보면 어떨까. 타인에게 보여 주는 것이 아닌 내 마음에 와닿는 문장을 기록하는 것이므로 양이 많고 적음은 중요하지 않다. 중요한 것은 꾸준히 하는 것이다.

가족 필사를 시작할 때는 정해진 시간에 함께 했었으나, 각자의 책 읽는 속도, 필사 속도가 다르다 보니 시간을 맞춰서 하는 것이 맞지 않음을 알게 됐다. 그래서 각자가 원하는 시간에 필사하고, 저녁에 모여 서로 필사한 부분을 읽는 것으로 규칙을 정했다.

아마 '그럼에도 불구하고 같이하기'를 계속 추구했다면 필사가 서로에게 숙제가 됐을 것이다. 중도 포기자가 많았던 100일 필사단에서 우리 가족은 무사히 100일을 채울 수 있었다. 꼭 해야 할 일이 아니라 책을 읽으면 으레 하는 일처럼 각자의 방식대로 했던 것이 필사를 유지할 수 있었던 이유였다. 필사를 마치며 읽고 싶었던 책을 스스로에게 선물로 주었다. 가족들과 100일 성공 축하 파티를 했고, 내게 선물했던 책은 200일을 목표로 다시 필사를 시작하는 원동력이 됐다.

새롭게 시작된 2차 100일 필사단 모집에 아이는 스스로 신청했고 나 역시 신청했다. 남편도 아이가 신청하는 것을 보고 자연스럽게 신청했다. 2차 100일은 1차 때 쌓인 근육으로 쉽게 시작을 할 수 있었고, 쉽게 쓸 수 있었다. 가족 필사를 통해 우리 가족이 읽은 책을 조사해 보았다. 단연코 책을 제일 많이 읽은 사람은 아들로 다른 해보다 훨씬 많은 책을 읽었음을 알 수 있었다. 마음에 와닿는 한 문장을 담은 나만의 노트도 완성됐다.

지금은 100일 필사단에 함께하지 않아도 아이는 나름대로 아침 시간을 이용하여, 나는 잠자기 전 그날 읽은 글 중 밑줄 친 부분을 꾸준히 필사하고 있다. 때때로 아이가 써 놓은 필사를 보면 지렁이가 기어가는 듯하고, 이게 정말 마음에 드는 구절이 맞나 싶을 정도로 내 눈높이에 맞지 않는 문장이 보이기도 한다. 엄마인지라 방심하는 순간 마음에 들지 않는 부분에 대해 아이에게 지적을 하는 일이 꼭 생긴다. 하지만 내 필사 노트에도 역시 고르지 못한 글씨가 있고, 왜 이 부분이 마음에 들었는지 생각나지 않는 구절이 보일 때도 많다. 어른인 나도 완벽하게 못 하는 필사를, 누가 시키지 않아도 책을 읽고 꾸준히 하는 아이에게 칭찬을 아끼지 않으려 노력했다.

첫째 딸인 나는 어릴 적 부모님께서 바라는 공부도 열심히 하고 동생을 잘 돌보는 착한 아이였다. 생각해 보면 동생들에게 부모님 사랑을 뺏기는 것이 두려워서 싫어도 싫다고 하지 않고 어른들의 기분을 살피며 어린 시절을 보냈다. 어린 시절을 생각하면 좋은 추억도 많지만, 그 시절이 아픈 것은 눈치 보는 내가 있기 때문이다. 생각 없이 말하는 것도 불편하지만, 더 불편한 것은 어른들의 관심을 받기 위해 자기 생각이나 의견을 눈치 보며 말하는 것이 아닐까. 책을 읽고 필사를 함으로써 읽고 말하고 쓰고 생각하는 힘을 키워 주고 싶었던 것은, 주눅 들었던 어린 시절의 나를 우리 아이에게서는 보고 싶지 않기 때문이다.

책을 많이 읽는 아이지만 필사를 통해 자신의 언어로 바뀌 글을 쓰는 아이를 보며 필사를 시작하길 잘했다는 생각이 들었다. 함께한다는 처음의 약속을 '따로 같이'로 바꾸지 않았다면, 지렁이 같은 글씨를 넘기지 못했다면, 과연 지금까지 이어질 수 있었을까. 모두가 함께하되 아이가 재미있게 할 수 있도록 툭 던져 놓고 뒤에서 지켜봐 주는 것, 이는 우리 가족이 지금까지 필사를 꾸준히 할 수 있었던 비결이다.

아직도 종이 신문을 보냐고요?

"아이랑 신문을 본다고요? 인터넷 신문도 아니고 종이 신문을요? 아이한테 너무 부담될 것 같은데."

글쓰기를 위해 수강했던 미디어 교육 시간에 신문 구독과 관련한 이야기를 나누었을 때의 일이다. 그때 나는 몰아치는 말에 아무 말도 하지 못하고 멍하게 듣고 있었다. 신문을 읽기 싫은 아이에게 억지로 권했던 것은 아니었는지, 종이 신문을 읽는 것이 시대와 동떨어진 일인지, 지금이라도 인터넷 신문으로 바꿔야 하는지, 그 짧은 시간에 오만 가지 생각이 몰려왔다. 나는 왜 아무 대꾸도 하지 못했을까.

아이가 초등학교에 입학하면서 내 생각보다는 아이의

의견을 더 많이 반영했고, 무엇이든 숙제로 느끼지 않게 하려고 노력했다. 아이의 선택과 의견을 중요시했던 이유는, 앞으로 경험하게 될 모든 과정을 혼자 주도적으로 이끌어 가야 하기 때문이다.

아이에게 먹거리를 제외하고는 스스로 선택할 수 있게 했고, 선택한 것은 존중하려고 노력했다. 하지만 신문 구독만은 달랐다. 아이에게 신문에 대해 충분히 설명하고 활용 방법을 논의하기에 앞서, 아이가 보지 않으면 내가 보면 된다는 생각으로 덜컥 신청했다. 커피 2잔 값을 아끼면 한 달 신문값이란 생각도 한몫했다.

아이가 아무 말 없이 집으로 배달된 신문을 보고 낯설어했던 것은 어쩌면 당연한 일이었다. 신문을 펼쳐 보지도 않고 거부부터 하는 아이를 보니 속상했다. '좋은 내용이 많은데 왜 안 본다는 거야?' 아이가 보지 않으면 내가 보겠다는 생각은 신문을 구독하기 위한 핑계였고, 아이에게 읽히고 싶은 욕심이 더 컸던 것 같다. 꾸준히 책을 읽는 아이인데 나는 왜 신문 읽기까지 욕심을 냈을까.

어린 시절 단순히 책을 좋아해 많이 읽던 나였다. 책을 자주 읽으니 당연히 글쓰기도 잘할 수 있다 생각했고 시민 기자단에 지원했다. 시민 기자단이 되어 취재를 하고 기사를 쓰면서 책 읽기와 글쓰기는 별개란 생각이 들었다. 특히 신문은 여러 분야의 다양한 주제가 담겨 있어, 관심 있는 주제뿐만 아니라 다른 정보도 함께 접할 수 있다. 또한 우리 주변에서 실제로 일어나는 사실을 빠르고 정확하게 전달하기에 아이가 신문에서 쉽게 재미를 발견할 것이란 기대도 있었다.

이런 나의 생각과 달리 아이는 신문 보기에 별로 관심이 없었다. 억지로 하는 것은 오히려 부담감과 거부감을 불러일으킬 수 있어서 결국 신문은 혼자 보기로 했다.

신문을 보면서 어릴 적 아빠와 함께 신문을 읽던 일이 떠올랐다. 무슨 내용인지 이해하기도 힘든 어려운 말이 가득했던 신문에서 내가 즐겨 보던 부분은 늘 같았다. 만화 방송 시간을 한눈에 볼 수 있는 텔레비전 프로그램 편성표가 있는 면. 신문을 통해 늘 텔레비전 프로그램 시간을 외웠다. 채널도 몇 개 되지 않아 외우기도 쉬웠으며, 친구들에게 오늘은 어떤 만화가 몇 시에 나오는지 알려 주었고 엄마가 보는 일일 드라마 시간도 챙겼다.

초등학교 고학년이 되면서 텔레비전 채널보다는 아빠가 스크랩해 주는 신문 기사를 보게 됐다. 대부분의 신문 스크

랩은 자기 계발에 관련된 내용이었고, 누가 알려 주지 않았어도 마음에 와닿는 문구는 노트에 적어 글짓기 시간 때 활용했었다. 그러고 보면 신문을 읽으라 강요받은 적은 없었다. 그런데 나는 글쓰기에 도움이 되었으면 한다는 이유로, 다양한 정보를 알았으면 한다는 이유로, 아이가 읽을 신문을 상의도 없이 신청부터 했던 것이다.

방법을 바꾸었다. 아빠가 그랬던 것처럼 나 역시 자연스레 신문 보는 모습과 스크랩하는 모습을 보여 주기로 했다. 아이에게 아빠와의 아침 달리기가 끝나면 들어오면서 현관에 있는 신문을 가져다 달라고 부탁했다. 달리기 끝난 아이가 신문을 가지고 들어오면 고맙다는 칭찬을 아끼지 않았다. 며칠 동안 보고 있던 둘째가 형이 달리기하러 나가면 현관문을 열고 신문 왔는지를 확인하고 내게 배달해 주기 시작했다. 기대를 내려놓으니 다른 고마운 것들이 더 잘 보였다.

신문은 아이가 봤으면 좋겠다는 생각에 초등학생 눈높이에서 보기 좋은 어린이 신문을 구독했다. 어린이 독자를 대상으로 한 신문이다 보니 전체적인 내용이 읽기 쉽고, 현재 초등학생들의 관심사에 관련된 기사가 많아 엄마가 점검해 두면 좋을 주제가 많았다. 인터넷 뉴스에서는 종종 자극적인 제목으로 시선을 끈 다음 제목과 전혀 다른 내용의 글로 인해 실망한 적이 많았는데, 종이 신문은 기사 제목에 맞는 사건 중심으로 정보가 전달되다 보니 글도 잘 읽히고 재미도 있었다.

매일 신문 읽는 나를 보며 둘째가 신문 모서리에 그림을 그리기 시작했다. 신문지를 모아 다른 곳에 쓸 것도 아니라서 맘껏 그리도록 놔두었다. 엄마, 아빠, 동생이 신문을 보고 이야기하니 자연스럽게 첫째도 신문에 관심을 갖게 되었다. 처음에는 한 꼭지만 골라 읽었다면 이제는 전체적으로 제목을 훑어보고 다시 처음으로 돌아와 읽고 싶은 부분을 차례로 읽어 간다. 내가 멋대로 시작했던 신문 구독이기에 아이가 원하는 대로 하게 두었더니 자신에게 맞는 방법을 찾았다. 처음부터 신문은 이렇게 읽는 거라고 설명해 주었다면 재미를 느끼면서 읽지 못했을 것 같다. 어릴 적 신문을 보며 텔레비전 프로그램 시간만 줄줄이 외우던 나도 재미있어서 스스로 했던 것이지, 다른 누가 외우라고 시켰다면 하지 않았을 것이다.

신문의 재미를 알아 가는 주영이는 아침 달리기 후 혹은 달리기를 못 하더라도 아침에 일어나 동생보다 먼저 신문을 챙겨 와, 본인이 읽은 재미있는 부분을 가족에게 읽어 준다. 며칠 전, "새는 알에서 나오려고 싸운다. 알은 새의 세계다. 데미안의 한 문장이라고 하는데, 엄마가 좋아하는 책 같아요. 엄마도 이 문장 알아요?"라고 물어보는 녀석을 보고 웃음이 나왔다. 시작은 엄마의 욕심이 가득했지만, 아이에게 바라는 걸 버리고 내가 변했더니 아이 또한 함께 변하는 모습을 보며, '눈높이를 맞춰야 볼 수 있다. 작은 꽃의 미소도 사람의 마음도.'라는 혜민 스님의 말씀이 떠올랐다. 엄마의 눈높이가 아닌 아이 마음의 눈높이를 먼저 살피고, 차분히 기다려야 한다는 것을 알게 된 경험이었다.

가장 가까운 곳으로 떠나는 여행

 어릴 적 시골에 살았던 내게 낮은 밤보다 재미있는 시간이었으며, 밤은 어둠이 세상을 삼키는 무서운 시간이었다. 가로등 하나 없는 깜깜한 시골의 밤, 하늘에는 금방이라도 쏟아져 내릴 것 같은 많은 별이 총총 떠 있었지만, 어둠 속에서 들리는 개 짖는 소리와 짐승의 울음소리에 나는 자주 두려움에 떨곤 했다.

 한번은 부모님께서 힘들게 농사지어 말린 고추를 밤사이 도둑맞은 적이 있었다. '사람이 다치지 않아서 다행이다.'란 이야기를 들으며 어둠 속에서 벌어지는 일은 무서운 것이란 생각이 뇌리에 박혔다. 어른이 되면서 밤을 덜 무서워하게 되었지만, 그렇다고 해서 썩 좋아하지도 않았다. 대학생 때도, 회사에 다닐 때도, 아이를 낳고서도, 밤보다는 낮과 아침을 좋아했다. 그런데 코로나19로 나의 의지와 상관없이 벌어지는 일탈들은 뜻밖에도 밤의 매력을 알게 해 주었다.

"엄마, 할머니 집 말고 다른 곳으로도 여행 갔으면 좋겠어요."

아이의 볼멘소리에 나 역시 한숨이 나왔다. 날씨는 따뜻해지고 밖은 산이며 들이며 꽃들이 '날 좀 봐주세요.' 하고 아우성치는 봄이었다. 생각지도 못했던 코로나19로 집에만 있으려니 오죽 답답할까 싶으면서 아이의 입장이 헤아려졌다. 개학이 하루하루 늦춰지는 상태에서 일주일에 한 번 주말에 찾아갈 수 있는 곳이 시골집이었다. 몇 주째 반복되는 일정에 아이의 흥미가 떨어질 만했다. 하지만 기약 없이 매일 아이들과 함께 있는 내게는 유일하게 숨통을 틔우는 공간이었다.

가기 싫다는 아이를 데리고 가는 것도, 그렇다고 아이만 다른 곳에 보내는 것도 어려운 상황이었다. 이러지도 저러지도 못할 때 '차박'이란 단어를 꺼낸 것은 남편이었다. 평소 캠핑을 다니고 싶어도 비용적인 부분과 짐 보관 문제 때문에 망설였는데, 차박은 이 모든 것을 해결할 수 있는 해결책이었다.

잠은 방에서 자야 한다고 생각했던 나에게 차박은 꽤 위험해 보였지만, 아이가 원하는 새로운 경험을 위해서는 꼭 필요하겠다는 생각이 들었다. 다른 곳으로 가고 싶다는 남편과 이야기하여 시골집 앞마당에서 연습한 후 시도하자 약속하고 차박을 준비했다. 코로나19가 아니었다면 시도할 생각조차 못 했던 일이었다.

차박을 준비한다는 말에 아이들은 두말할 것 없이 매우 신났고, 그날부터 가족들은 차박에 필요한 매트며 차량 가리개, 도킹 텐트를 알아보기 시작했다. 총알 배송으로 도착한 택배들에는 우리 가족의 간절함이 담겨 있었다. 그렇게 필요한 물건들이 하나둘 갖춰졌고 디데이로 정한 날이 다가왔다. 불안과 설렘을 안고 첫 차박 장소인 시골집으로 이동했다. 우리의 사정을 미리 전해 들은 부모님께서 마당 주변의 풀과 큰 돌들을 정리해 두었다. 차박을 하기 전에는 몰랐는데 막상 시작하고 보니 내 눈에는 앞마당이 캠핑뿐만 아니라 생태 체험까지 함께할 수 있는 최적화된 장소로 보였다. 매주 왔던 곳인데 왜 그 생각을 못 했는지 모르겠다.

자리를 잡고, 자동차 뒷자리를 접고, 준비해 둔 매트를 깔고, 모기장을 설치하고, 캠핑 의자를 앞에 두니 그 모습만으로도 마치 다른 곳으로 여행을 온 듯한 느낌이었다. 처음 시도해 보는 차박에 가장 신이 난 것은 아이들이었다. 기뻐하는 아이들을 보며 '어디를 갔느냐'가 아니라 '어떻게 했느냐'가 더 중요했다는 것을 알았다. 차에 텐트를 설치하는데, 처음 하는 것이라 꽤 오랜 시간이 걸렸다. 아이들과 함께 망치질도 했는데 은근히 힘이 들어 땀이 삐질삐질 났다. 곁에서 도와주던 아이들의 얼굴에 몽글몽글 맺힌 땀방울을 보니 기특한 마음이 들었다. 접었다가 펼쳤다가 엎치락뒤치락하면서 차박은 그럴싸하게 완성됐다.

온 가족이 차박으로 야외에서 밤을 보내는 첫날, 캠핑 의자에 앉아 쉬고 있는데 순간 얼굴에 툭 하고 무언가 떨어졌다. 그리고 뒤이어 강아지와 놀고 있던 아이들의 외침, "엄마, 비 와!" 이런! 큰맘 먹고 시작한 첫 야외 취침이 순탄치 않았다. 걱정하는 엄마의 마음도 모르고 아이들은 누가 강아지인지 누가 사람인지 모를 정도로 열심히 뛰어놀았다. 우산을 쓰고도 저렇게 놀 수 있다니 참으로 신기했다.

그날 저녁, 나를 제외하고 남은 가족들은 차에서 잠을 잤다. 새벽까지 다시 차로 갈까 고민하고 망설였지만 넷이 누웠을 때 좁았던 자리도 마음에 걸렸고, 무엇보다 나는 안락한 방이 더 좋았다. 방에 가만히 누워 아이들은 아빠와 무엇을 하고 있을지 생각하고 있는데, 어릴 적 들었던 개구리 우는 소리가 들리기 시작했다. '이 소리를 듣고 있겠구나. 차 위로 떨어지는 빗방울 소리도 듣겠구나. 바람 소리도 듣고 있겠구나.' 하는 생각과 함께 이제는 무엇이 됐든 한다고 할 때 내 걱정으로 말리는 짓은 하지 말자는 다짐을 했다.

다음 날 차에서 처음 야외 취침을 했던 아이는 자신이 직접 녹음한 밤의 소리를 들려주었다. 내게는 익숙한 개구리 울음소리가 아이에게는 무척 흥미로운 경험이 되었나 보다. 그렇게 첫 차박은 다행히 아이에게 무서운 경험이 아닌 재미있는 경험으로 오랫동안 기억에 자리 잡게 될 것 같다.

차박은 자연이 들려주는 소리를 아이가 직접 느낄 수 있도록 하는 방법 중 하나였다. 녹음된 자연의 소리를 들려주며 사진이나 책을 볼 수도 있으나, 직접 체험한 경험은 그 어떤 것보다 오래도록 기억에 남을 것이다. 생태 체험 역시 어려운 것이 아니다. 아이와 집 앞에 있는 가로수 아래에서 곤충을 찾아보는 것부터 시작해 보면 어떨까? 나처럼 선입견 때문에 아이가 자연과 친숙해질 기회를 놓치지 않기를 바란다.

당신이 나쁘게 생각하는 어떤 것들이 당신 아이의 재능을 드러나게 할지도 모른다. 당신이 좋게 생각하는 어떤 것들은 그들을 숨 막히게 할지도 모른다.

-프랑수아 르네 드 샤토브리앙(프랑스 작가)

코로나 19로 여러 가지 제약이 많아 답답하고 울적해질 때도 많았지만, 한편으로는 이처럼 평소였다면 하지 않았을 새로운 경험에 도전하는 계기도 되었다. '어디서'가 아닌 '어떻게' 해야 재미있고 즐거운 경험과 추억을 쌓을지, 또 그것이 아이들에게 어떤 씨앗으로 심어질지는 아무도 모른다.

생활의 편리만 추구했던 나였다. 그러나 아이를 키우며 사람과 환경, 자연이 조화롭게 살아가는 것이야말로 앞으로 우리 아이들이 살아가는 미래에 필요한 자세가 아닐까 생각하게 됐다. 아이들과 함께하는 생태 체험은 우리 주변을 돌아보고, 그 안에서 작고 사소한 기쁨을 찾으며 기꺼이 마음을 주는 아이로 자랄 수 있도록 도와주는 것이다.

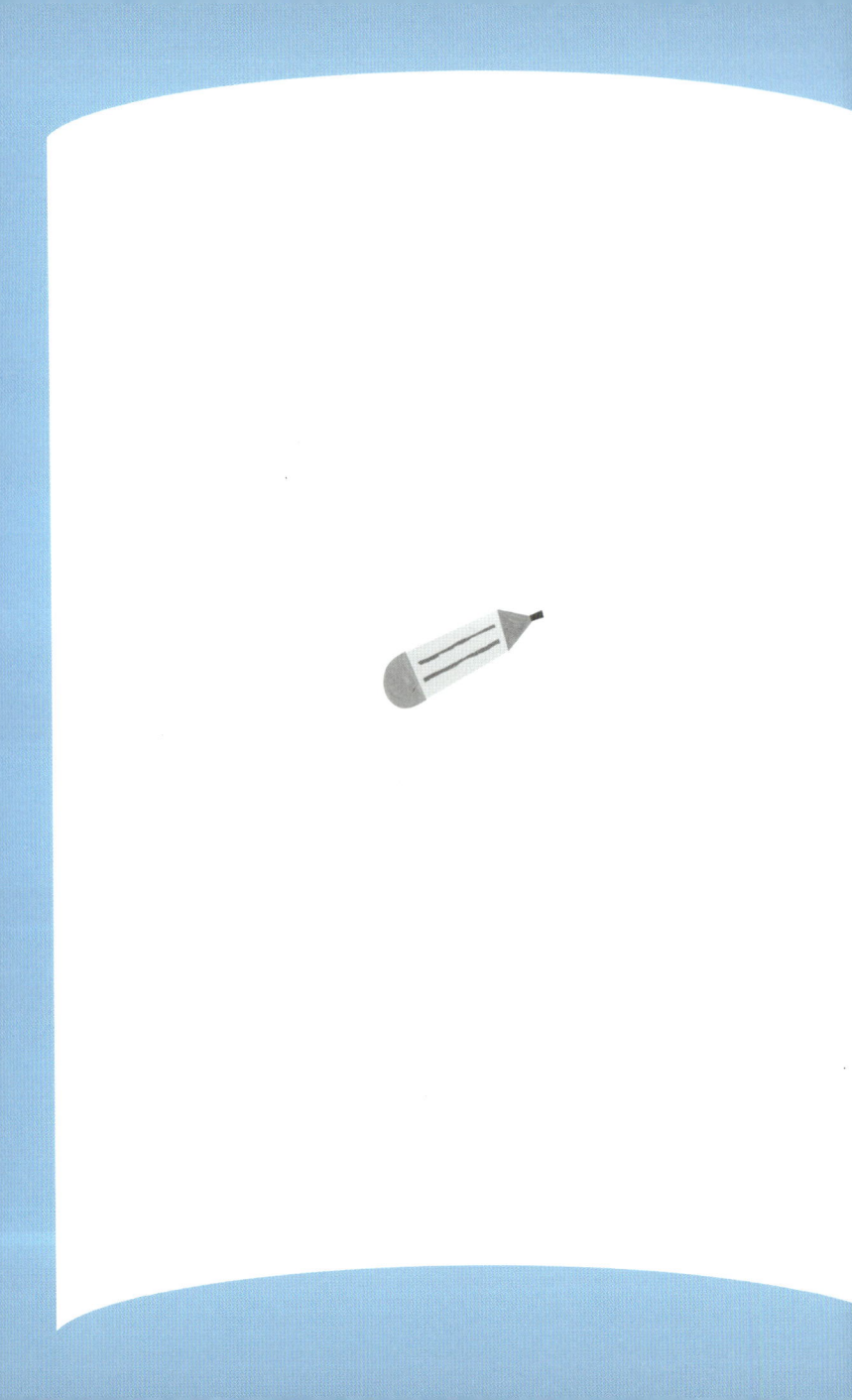

3

—

주어진 환경을 활용해 노는 아이

정보 수집가 부모가 되기까지

"너희가 어릴 적에 못 해 봤다고 애들이 원하지 않는데 시키는 것은 아니지?"

아이가 과학 발명 대회에 참가했을 때, 어머니가 우리 부부에게 조심스럽게 물었던 질문이다. 그 질문을 받았을 때, "아니요, 어머니. 주영이에게 물어보고 하는걸요."라고 답했지만 정말 아이가 원했는지, 아니면 내 욕심이었는지를 잠시 생각해 보았다.

다시금 교육에 관해 생각하게 했던 어머니의 질문은, 그동안 혹은 현재 아이가 하고 있는 체험 학습, 도서관 수업, 그림책 작가와의 만남 등등 다양한 활동들을 돌아보게 했다. '시간을 되돌려 과거로 돌아간다면, 지금까지 했던 체험을 똑같이 시킬 거야?'라고 나 자신에게 물어본다면, 대답은 '응!'이다. 많은 것을 아이와 함께했는데 그 시간이 아이에게만 좋았던 건 아니었다.

그러나 어머니의 질문에서 어릴 적 하고 싶은 것을 하지 못했던, 그때 채워지지 않았던 결핍이 나를 움직인 원동력이 됐다는 것을 깨달았다. 어린 시절 내 경험이 제한적이었던 만큼, 아이에게는 다양한 경험을 채워 주고 싶었다. 그렇지만 선택은 늘 아이의 몫이었다. 부모님 뜻에 순순히 따르며 자란 첫째 아이로서 내가 원하는 것을 충분히 시도하지 못한 어린 시절에 대한 아쉬움에, 종종 '부모님 때문에'라는 핑계가 떠오르곤 했다. 그래서 내가 배우거나 알고 싶은 것을 아이에게 권하곤 하지만, 나와는 반대 상황에서 '엄마 때문에'라는 핑계를 대는 아이를 보고 싶지는 않아서 선택은 늘 아이가 할 수 있게 했다.

때로는 아이의 선택과 상관없이 나도 내가 하고 싶은 것들을 선택했다. 함께 좋아 참석하는 것도 있었지만 아이만 혹은 나만 참석해 각자 하고 싶은 일을 했다. 그러면서 내 안에 남아 있던 결핍을 채울 수 있었다.

어릴 적 나는 겨울에 집에서 반소매 잠옷 원피스를 입고 침대에서 자는 것이 소원이었다. 우리 집은 겨울이면 늘 바람을 막느라 방문 안쪽과 바깥쪽에 비닐이 덧대어 있었고, 수도가 없어서 냇가 가장자리의 얼음을 깨고 빨갛게 언 손을 호호 불며 엄마와 빨래를 해야 할 정도로 지독하게 가난했다. 하지만 당시에는 동네 사람 모두가 똑같이 생활했기에 우리가 가난하다는 생각이 들지 않았다. 그것이 지독한 가난이었다는 것은 집에서 독립한 고등학생 때서야 알게 됐다.

고등학교에 입학하고 내가 알고 있던 공부와 전혀 다른 진로로 자신의 길을 만들어 가는 친구들을 만났다. 난생처음 공부가 아닌 피아노, 미술, 배구 등등 다른 재능으로 학교에 다니는 아이들을 보며 신기함을 느꼈다. 음악 시간에는 실기를 위해 모두 함께 예술 회관으로 이동하여 처음으로 음악회를 보기도 했다. 고등학교 시절은 내가 그동안 경험해 보지 못한 분야에 시야를 확장하는 시간이 되었다.

시골에서 자란 나는 전혀 본 적 없고 배운 적 없던 것들을 따라가기 바빴다. 대학교에 입학하고 부족한 과목을 채워 주는 학원과 과외가 있다는 것도 그때서야 알았다. 학원과 과외는 그만큼 나와는 거리가 먼 것들이었다.

늘 열심히 했지만 남들보다 부족했다. 부족했던 것은 지식이라고 생각했는데 아이를 낳고 생활하면서 지식이 아닌 문화적 기본 소양이 부족하다는 것을 알았다. 어린 시절 책을 많이 읽긴 했어도 수학, 과학, 역사가 어렵다고 느껴졌던 것은 원리를 알고 시작했던 것이 아니라 암기 과목으로 접했기 때문이었다.

문화적 소양은 학습이 아닌 일상적인 하루하루가 쌓여 영향을 준다는 것을, 아이가 초등학교에 다니기 시작하면서 경험을 통해 알게 되었다. 지금 아이에게는 한글을 떼고, 숫자를 세는 것보다 미술관에서 보는 그림들이, 도서관에서 하는 체험 놀이가 일상으로 스며들게 하는 것이 더 중요하다고 생각했다.

결핍을 아이에게 대물림하고 싶지 않았고, 무엇보다 다양한 경험을 채워 여러 방면에서 생각할 수 있는 아이로 자랐으면 했다. 유명 강사가 있는 소문난 학원을 여러 개 돌릴 만큼 가계 상황이 넉넉지도 못했지만, 문화적 소양이란 것은 학원 몇 개로 해결할 수 있는 문제가 아니었다. 또한 어렸을 때는 가족과의 추억을 쌓는 데 집중하고 싶은 마음이 컸다.

그래서 되도록 '경험'에 가치를 두고 할 수 있는 것들을 찾아보았다. 처음에는 가까운 도서관에서 아이가 좋아하는 미술과 생활 과학 수업을 들었다. 강의하는 선생님들과 아이의 수업 태도에 대해서도 듣고 학부모로서 도울 것이 있는지 소통하면서 친분을 쌓았다. 도서관 프로그램의 장점은 수업 시작 전후에 아이가 책을 볼 수 있다는 것이다. 여러 곳의 도서관에서 수업을 받으며 다양한 책들을 볼 수 있었고, 도서관 이용도 자연스레 할 수 있었다. 도서관 수업을 시작으로 관공서 혹은 민간 업체에서 진행하는 프로그램을 찾아서 참여했다. 꾸준히 반복하다 보니 아이가 재미있어하는 분야에 대해 알게 됐고 관련된 수업을 찾아다녔다.

문화적 소양에 대한 결핍을 생각하지 않았다면 아이와 함께하는 전시회, 작가와의 만남, 도서관 프로그램 등 다양한 경험에 대해 관심이 없었을 것이다. 아이가 원한다면 꾸준히 아이와 다양한 프로그램을 찾아다니기를 지속할 생각이다. 나에게서 비롯된 결핍을 아이의 교육과 연관 지으면서, 부족함이란 때론 상황에 따라 긍정적인 것이 될 수 있다는 것도 알게 됐다.

책방 주인과 단짝 되기

아이를 낳고 엄마가 되면서 뒤늦게 그림책 세계에 빠져들었다. 보고 즐기는 것을 넘어 더 알고 싶고, 배우고 싶은 마음에 그림책 공부를 시작했다. 그림책 공부를 하면서는 그림책을 좋아하는 사람들과의 소통이 많아졌다. 같은 분야에 관심을 가진 사람들과 만나며 그동안 내가 알고 있었던 세상의 중심이 조금씩 변화했다.

그림책을 알아 갈수록 보이지 않았던 '함께'와 '같이'의 가치를 알았다. 또한 함께 공부했던 사람들의 이야기를 통해 아이들과 그림책을 읽고 함께할 수 있는 일이 많다는 것을 알게 됐다. 특히 여행 중 만났던 작은 동네 책방들이 기억에 남는다.

첫째 아이가 3살이 된 때부터 원단으로 소품을 만들어 판매를 시작했다. 아이가 초등학교 입학한 뒤에는 핸드메이드 플리마켓을 함께 다녔다. 군산 플리마켓에 참여했을 때, 행사가 끝난 후 아이와 함께 근처 관광지를 돌며 구경을 했다. 그때 동네 책방 〈마리서사〉를 알게 되면서, 아이와 나는 동네 책방의 매력에 빠지게 되었다.

〈마리서사〉는 겉에서 보기에는 세월의 흔적이 보이는 집이었다. 창문 너머로 가지런히 놓여 있는 책을 보았고, 그 책들이 궁금하여 들어가 보았다. 대형 서점과 인터넷 서점만을 이용하던 우리에게 낯설지만 그림책을 공부한 내가 관심을 가질 수밖에 없는 책들이 많았다. 한쪽 서가에는 베스트셀러가 아닌 고전과 다양한 주제를 담은 그림책이 진열되어 있었다. 그 책들을 보며 책방지기에게 궁금한 것을 물어보았다. 책방지기는 바로 답을 알려 주지 않고 질문한 책에 관해 호기심이 생기는 이야기를 해 궁금증을 키워 주었다. 자리에 머물수록 다시 오고 싶다는 생각이 커졌다. 그렇게 나는 본격적으로 동네 책방을 찾아다니기 시작했다.

매번 군산까지 갈 수는 없어서 집과 가까운 다른 동네 책방을 찾기 시작했다. 주로 타 도시로 나가야 하고, 아쉽게도 아무 때나 편하게 들를 수 있는 곳은 없었다. 그래서 플리마켓 참여를 위해 다른 지역을 방문했을 때 짬짬이 동네 책방을 찾아다녔다. 그렇게 알게 된 곳이 지금은 사라진 전주 〈같이[:가치]〉 그림책방이었다. 이후 쉬는 날 혹은 그림책 작가들의 강연 소식이 있으면 아이와 자주 찾아가곤 했다.

부산으로 가족 여행을 떠났을 때였다. 관광지를 찾아보며 역시나 동네 책방도 검색해 보았다. 여러 곳이 눈에 띄었지만 그중 그림책방 〈봄봄〉이 눈에 들어왔다. 가족 모두가 함께 동네 책방을 방문한 건 처음이었는데, 좁은 땅을 알뜰하게 사용한 건물의 내외부 구조에 저절로 감탄이 나왔다. 실제로 책방을 다녀간 사람들이 그림책을 보러 왔다가 건물에 또 한 번 반했다고 하는데 그럴 만했다. 간단한 다과를 즐길 수 있는 카페와 그림책을 읽을 공간, 수업을 위한 공간이 잘 나누어져 있어서 가까이 사는 친구들에게는 문화 활동을 하기에 더없이 좋아 보였다.

동네 책방의 장점 중에는 책방지기의 취향이 담긴 다양한 책을 볼 수 있다는 것도 있지만, 책과 관련된 다양한 행사를 주체적으로 참여할 수 있다는 점이 좋았다. 그런 면에서

〈봄봄〉은 여러 공간이 있어 그림책 관련 다양한 문화 활동이 가능하다는 점이 더욱 마음에 들었다. 동네 책방을 다니며 내가 거주하고 있는 익산에도 작은 책방이 있었으면 좋겠다고 생각했는데, 꿈이 현실이 됐다. 함께 그림책을 공부했던 지인 두 사람이 분위기도, 분야도 전혀 다른 작은 책방을 열었다.

가까운 곳에 동네 책방이 생기니 부담 없이 작업실을 방문했고 함께 책 이야기를 나눌 수 있었다. 처음에는 낯설어 부끄럼을 타던 아이도 책방에서 하는 프로그램을 꾸준히 참여하다 보니, 책방지기와 가까워져 서로의 안부를 물을 정도로 돈독한 사이가 됐다. 그림책을 읽고 미술 활동을 하는 프로그램에 아이를 참여시키며, 동네 책방이 지역 어린이들의 교육에도 큰 도움이 되고 있다는 것을 알 수 있었다.

지금은 내가 살고 있는 지역에 여러 책방이 운영 중이다. 책방마다 주제가 모두 달라서 성향에 따라, 그날의 느낌에 따라 마음에 내키는 곳을 골라 찾아갈 수 있게 됐다. 아이 또한 나와 자주 다니며 동네 책방의 책방지기와 친해졌다. 책방지기는 좋은 책이 있으면 아이에게 추천도 해 주고 가끔은 함께 책 이야기를 한다. 부모가 그림책을 좋아하더라도 할 수 없는 것들이 있다. 이러한 것을 책방지기가 아이들과 해 주니 심적인 부담감도 덜고, 아이의 성향에 맞는 책이 들어오면 잘 챙겨 놓거나 알려 주니 이 또한 좋다. 누군가가 나의 취향을 알고 그것에 맞게 추천해 준다면 어른이나 아이나 모두 기분이 좋아 다시 방문하고 싶지 않을까.

인터넷 서점은 다양한 책이 구비되어 있고 이용도 편리하지만, 나는 책을 직접 만져 손에 닿는 종이의 질감과 잉크에서 배어 나온 향을 확인하고 구입한다. 그런 나에게 동네 책방은 최적의 장소다. 또한 책방지기의 취향에 따라 진열된 책들을 보며 한 사람의 흔들리지 않는 결이 동네에 스며들 수 있다는 것을 알았다.

세월호 참사 추모일이었다. 동네 책방을 찾은 아이는 세월호와 관련하여 큐레이션 된 책 중 자신이 꾸준히 볼 수 있는 책을 골랐다. 북 큐레이션과 아이의 생각이 맞았다.

아이가 다 큰 것 같아도 아직 무엇을 떠올리는 데 주변의 자극이 조금씩 있어야 한다. 좋은 사람 옆에 있으면 나에게 좋은 기운이 스며들어 좋은 사람이 되는 것처럼. 아이 역시 좋은 사람들과 함께한다면 선한 영향을 받으며 성장하지 않을까.

낯선 이와의 한판 승부,
중고 장터 물건 팔기

　결혼 후 살게 된 낯선 도시에서 타인과의 소통은 직접 만든 아이 용품을 온라인 카페에 소개하면서 시작되었다. 첫째 아이가 3살 때, 아이용 이불과 스카프빕, 파우치 등의 소품을 만들어 지역 카페에 올렸다. 직접 만든 물건이 '예쁘다'라는 말을 듣는 것도 좋았고, 얼굴을 모르는 낯선 사람들과 소통하는 것도 나로서는 신기한 경험이었다. 이후 여러 인연이 닿았고 지역 카페에서 진행하는 큰 플리마켓에도 참여하게 됐다.

　아이를 어린이집에 보내고 틈틈이 만들었던 소품들로 처음 플리마켓에 참여했다. 이름도 모르는 낯선 이들에게 물건을 판매했던 경험은 지금까지도 생생하게 기억되고 있다. '내 물건을 돈을 주고 사는 사람이 있긴 할까?', '어떻게 진열해야 예쁘게 보일까?', '아무도 관심을 주지 않으면 어떻게 하지?', '가격은 이게 적절한 걸까?', '나와 같은 물건을 파는 사람은 어떻게 하려나?' 판매하기 전부터 많은 생각이 머릿속을 둥둥 떠다녔고, 개시해도 된다는 카페 매니저의 말에 두근두근 첫 손님을 기다렸다.

맞은편에서 머리핀을 판매하기 위해 장터에 참여했던 분이 스카프빕을 구매하면서 나의 첫 손님이 되었다. 엄마가 된 이후 내 손으로 처음 돈을 번 경험이었고, 꾸준히 바느질을 이어 간 원동력이 됐다.

첫 플리마켓의 경험은 자신감과 할 수 있다는 용기를 주었고, 더불어 아는 사람 하나 없던 나에게 다른 이들과 소통할 기회를 만들어 주었다. 그 후 패브릭 핸드메이더로 지역 카페 플리마켓뿐만 아니라 육아 박람회, 이웃 동네 축제 등 크고 작은 플리마켓에 참여하게 됐다. 처음이 어려웠지 한두 번 반복하다 보니 인기 상품이 무엇인지, 선호하는 패턴이 어떤 것인지 나름의 예상이라는 것도 할 수 있었다. 어떻게 하면 내가 만든 소품이 더 예쁘게 보이는지도 알게 되는 값진 경험을 했다.

아이가 어린이집을 다니기 전부터 재봉틀을 시작했다. 그러나 다리미를 이용하는 작업들이 많아서 아이가 함께 있을 때는 일하기가 어려웠다. 아이가 위험한 것과 만지지 않아야 할 것을 구별하게 되었을 때부터 비로소 마음 놓고 작업을 할 수 있었다. 아이는 어린이집을 다녀오면 나와 함께 원단을 만지고, 제품 사진을 찍을 때 모델이 되어 주기도 했다. 일상적인 사진들을 찍다 보니 거부감은 없었다.

아이에게 필요한 것들을 만들면서 여유분으로 한두 개 더 만들던 것이, 이렇게 차곡차곡 쌓여 꽤 모였을 때 플리마켓에 나가 판매했다. 주말에도 출근하는 남편을 대신하여 아이와 함께 시간을 보내야 하는데, 플리마켓은 우리에게 더할 나위 없이 딱 맞는 곳이었다.

오랜 시간 동안 낯선 곳에서 낯선 사람을 만나는 일은 많은 에너지를 필요로 한다. '판매할 물건을 설명하느라 그 순간 아이에게 집중하지 못해 혹시나 무슨 일이 생기면 어떻게 하지?'란 걱정이 많았다. 하지만 주말에 집에 있는 것보다 야외에 나가서 함께 경험해 보는 것이 좋지 않을까 생각하며 꾸준히 참여했다. 집에서 본 적 없는 엄마의 낯선 모습에 아이가 놀랄 법도 한데, 의외로 옆에서 얌전히 책을 보며 나름대로 시간을 잘 보냈다.

    그렇게 함께 플리마켓을 다녔다. 처음에는 입을 꾹 다물고 말도 하지 않던 아이가 차츰 변해 가는 모습을 보니 나오기를 잘했다는 생각이 들었다. 아이는 플리마켓에서 여러 사람들과도 친해졌다.

    그러다 아이가 원할 때 물건을 판매해 볼 기회를 주었다. 몇 번의 경험으로 작은 소품을 담당하여 꾸준히 판매하는 역할을 맡았다. 스스로 아르바이트생이라 자처하며 자기와 비슷한 어린 친구들에게 다가가 홍보하고 판매도 했다. 가르쳐 주지 않았는데 스스로 하는 모습을 보니 그동안 책만 읽었던 것이 아니라 내 모습을 지켜보고 있었던 것 같다.

    "엄마, 어린이 나눔 장터 알아요? 나 여기 가 보고 싶어요."

    학교에서 돌아온 아이의 손에 전단이 들려 있었다. 자세히 보니 어린이들이 직접 판매에 참여하는 나눔 장터에 대한 안내로 여러 번 진행이 되었던 큰 행사라 했다. 자신감으로 어깨에 힘이 잔뜩 들어간 아이에게 무슨 물건을 어떻게 판매하고 싶은지 물었다. 아니나 다를까 아이는 평소 플리마켓에 나갔을 때처럼 자신이 담당했던 작은 소품을 판매하고 싶다고 했다. 하지만 함께 다녔던 플리마켓은 주요 고객층이 어른이었던 데 반해, 이번에는 어린이들이 손님이라는 점에서 큰 차이가 있었다. 나와 이야기를 끝낸 아이는 방으로 들어가 자신이 팔 수 있는 물건들의 목록을 적기 시작했다. 그렇게 나눔 장터를 스스로 준비했고 내 도움이 필요하다고 하면 그때그때 도와주었다. 혼자서 준비하는 아이의 모습을 보며 내 첫 플리마켓 경험이 떠올랐다. 얼마나 떨릴까.

아이는 처음으로 혼자 참여했던 나눔 장터에서 평소 겪어 보지 못했던 경험을 했다고 말했다. 엄마와 했던 것처럼 돗자리를 깔고 중고 물건을 진열해 놓았는데 손님이 오지 않아서 심심했고, 어쩌다 한 명씩 오면 적어 놓은 금액보다 깎아 달라고 하여 싸게 팔았다고 했다. 또 다른 곳에 더 저렴한 것이 있다며 샀던 물건을 환불해 달라는 친구도 있었다고 했다. 나는 아이를 아무 말 하지 않고 꼭 안아 주었다. 혼자서 낯선 이와의 만남이 어디 쉬웠겠는가. 어른인 나도 늘 어려운 일을 아이 스스로 했다는 것만으로 충분히 칭찬할 일이었다.

'경제관념을 알게 된다.', '타인과의 소통을 배우게 된다.',

'물건을 아끼게 된다.' 등등 어린이 나눔 장터에 대해 검색해 보면 다양한 장점들이 소개된다. 하지만 아이는 그보다 훨씬 더 중요한 것을 배운 듯했다. 스스로 선택하고, 준비하고, 부딪히는 과정에서 포기하고 싶은 순간들을 견뎌 냈다는 것, 끝까지 자신의 선택에 책임을 다했다는 것에 칭찬을 해 주고 싶었다.

모르는 사람들과의 만남이 즐거움을 줄 수 있지만 때로는 상처가 될 수도 있다는 것을 수많은 플리마켓을 참여하면서 알게 됐다. 사람과의 관계에서 난 상처는 쉽게 아물기가 힘들다. 아이라고 해서 이러한 것을 느끼지 못했을까? 어쩌면 더 많이 상처받았을 수도 있다. 그렇기에 그 시간을 견딘 아이에게, 말하지 않아도 네 마음을 알고 있다는 것을 표현하고 싶었다.

낯선 이와의 한판 대결! 아이가 혼자 세상의 쓴맛을 보았던 날, 좋은 경험이었으나 다시 나눔 장터에 나가고 싶지 않다고 말했다. 하지만 그 뒤로도 아이는 매년 참가를 준비한다. 당장은 힘들었을 그 감정들이 아이에게 도전 의식을 심어 준 것이 분명해 보인다. 엄마는 무엇이 되었든 너의 도전을 응원해!

사람들은 잘 모르는 지역 공공 기관 연계 프로그램

 첫째 아이가 5살 때쯤 지금 사는 곳으로 이사를 왔다. 미취학 아이가 이사하는 집이라면 입학할 초등학교를 고려해 집을 선택해야 한다는 것을 이사 오고 난 뒤에야 알았다. 우리가 이 집을 선택한 이유는 거실 안으로 들어오는 햇빛과 바로 옆에 있는 도서관 때문이었다. 그 당시 아이가 다닐 초등학교는 새로운 보금자리 선택에서 깊이 고려할 대상이 아니었다.

 주변의 도움을 받기 어려운 상황에서 육아에 집중하기 위해 일은 내려놓았지만, 여건 때문에 아이가 원하는 것을 충분히 해 주지 못한다는 생각이 들 때마다 답답해지기도 했다. 아이가 어린이집 갔을 때 만든 소품을 주말 플리마켓에서, 혹은 인터넷 카페에서 판매하여 벌었던 약간의 수입들은 간식값과 책값을 충당할 정도였다. 그러다 어느 순간 해 주지 못한 것에 미련을 갖지 말고, 지금 당장 할 수 있는 것에 집중하자고 생각했다. 집 옆에 도서관이 있어서 다행이었다.

도서관에서 진행하는 미술 수업에 일주일에 한 번 방문했다. 수업하는 동안 나는 아이에게 읽어 줄 책을 빌리고 내가 읽고 싶은 책도 찾아보았다. 그러다 다른 도서관에서 진행하는 재미있는 수업 정보도 알아낼 수 있었다. 집 앞 도서관에서 진행된 미술 수업은 학원에서처럼 소수의 인원, 다양한 재료, 섬세한 지도는 아니었지만 아이에게는 분명 도움이 된 수업이었다. 초등학교에 입학하면서 시간상 도서관 수업을 들을 수 없게 되자 아이가 향한 곳은 방과 후 교실이었다. 기본적인 재료만 사용하는 미술 수업으로, 그동안 아이가 도서관에서 했던 미술 수업과 달랐다. 그러나 걱정과 달리 방과 후 수업은 학교 수업 시간에 배우는 미술의 기본을 다질 수 있도록 도와주었다.

우연히 미술관에서 화가와 함께 하는 프로그램을 준비한다는 소식을 듣고 아이에게 알려 주었다. 만들기를 좋아하는 취향이라 별 관심 없을 줄 알았는데 흔쾌히 신청한다고 해서 놀랐다. 나중에 이유를 물어보았더니 진짜 화가 선생님을 볼 수 있다는 것이 큰 경험이 될 것 같아서였다고 하여 대견하고 뿌듯한 마음이 들었다.

함께 참여했던 미술관 프로그램은 그동안 배웠던 미술 수업과 달랐다. 화가가 자신의 직업에 관해 이야기하고, 수업 주제와 관련된 유명한 화가들의 작품을 보여 주며 그림을 감상할 때 어떤 부분을 집중해서 보아야 하는지 알려 주었다. 또한 표현 기법이나 재료 등을 구체적으로 설명해 주었고 배운 내용을 토대로 자유롭게 그림을 그리도록 했다. 미술관에서의 수업이 아직도 생생하다. 그동안 내가 가지고 있었던 미술에 대한 생각이 깨진 날이기 때문이다.

다른 사람들과 있을 때 아이의 모습은 매우 낯설었다. 미술은 못 한다는 말과 함께 눈치를 보며 그림을 그리는 아이를 보니 속상함에 잔소리를 하였다. 그때 옆에서 보고 계시던 선생님께서 미술은 마음을 표현하는 작업이기 때문에 잘 그리고 못 그리고의 기준이 없다는 이야기를 해 주었다.

미술은 자기의 생각을 표현하는 자유로운 활동이기에 아이에게 잔소리할 이유는 전혀 없었다. 하지만 난 멋진 그림을 그리라고 말은 하지 않았어도 은연중 아이에게 부담을 주었던 것 같다. 그날의 경험으로 아이와 체험 활동을 할 때 위험한 것만 아니면 조용히 뒤에서 지켜보는 엄마가 됐다.

미술관 수업의 가장 큰 장점은 아이들이 작품을 만들고 만든 작품들을 전시실에 전시해 볼 수 있다는 것이다. 자신의 생각이 담긴 작품을 다른 사람들과 함께 보고 자신의 표현에 대해 발표하고, 각자의 감상을 나눈다는 점에서 아이는 큰 만족감을 드러냈다. 또한 마음의 표현 방식에 관해 이야기할 수 있도록 기본을 알게 된 계기가 됐다.

앞의 수업들이 대체로 무료 또는 저렴한 비용이었기 때문에 망설임 없이 시작할 수 있었다. 또한 아이가 수업 시간에 잘 집중했는지, 무엇을 배웠는지 캐묻기보다는 수업에 즐겁게 참여한 것만으로도 칭찬과 격려를 보낼 수 있었다. 만약 큰돈이 들어가는 수업이었다면 그에 대한 기대감 때문에 아이에게 선행과 복습을 강요하지 않았을까 하는 생각도 든다. 미술 외에도 과학, 미술, 역사 등 도서관에서 들었던 수업이 조금씩, 알게 모르게 아이의 일상 속에 스며들었을 것이다.

첫째 아이가 영재원 입학을 따로 준비하지 않고도 스트

레스받지 않고 즐겁게 할 수 있었던 것은, 꾸준히 했던 과학 수업이 있었기 때문이라 생각한다. 만들어 온 결과물에 평가해 본 적이 없었고, 실험 관찰 노트를 잘 썼는지, 수업을 잘 들었는지에 대해서도 확인한 적은 없었다. 그저 나의 적당한 무심함이 아이에게도 그 수업을 부담 없이 들을 수 있는 계기가 되지 않았을까.

코로나19로 도서관 활동을 포함해 모든 것이 멈추었지만, 지역 대학에서 운영하는 생활 과학 수업과 작은 도서관에서 진행하는 수업이 있었다. 한번 수업을 들었던 아이들은 대부분 꾸준히 수업을 듣기 때문에 선생님들과 정을 쌓으면 더 빠르게 진행할 수 있다. 오랜 기간 프로그램에 참여했던 시간 속에 아이와 선생님 사이에 '정'이 쌓이고 있다는 것을 여러 경험을 통해 보았다.

아무런 노력 없이 저절로 알게 되는 정보는 없다. 지역에 있는 기관은 스스로가 관심을 갖고 찾아야 알 수 있다. 그리고 찾았다면 그곳에 아이가 참여할 수 있는 프로그램이 있는지 확인하고, 주로 어떤 프로그램을 진행하고 있는지 알아봐야 한다. 누구에게나 처음이 어렵다. 맹모삼천지교의 맹자 어머니도 이사하기가 쉬웠을까? 결코, 아니었을 것이다. 그렇지만 무엇이든 처음이 힘들지 한두 번 하다 보면 익숙해져 금세 해낼 수 있다.

    물론 내가 아닌 아이 스스로가 느끼고 필요로 할 때 찾아 도움을 주어야 빨리 흡수가 되고 좋은 결과가 나온다. 우리 아이에게는 미술 분야가 그랬다. 내가 미술에 관해서는 문외한이었기에 더욱 여러 방법으로 아이에게 맞는 것을 찾지 않았을까 싶기도 하다. 꾸준히 관심을 가지고 스스로 배움을 찾아가면서, 자기 생각을 자유롭고 다양하게 표현하는 방법을 터득한 아이가 자랑스럽기도 하고, 나 또한 배움을 얻기도 한다.

핸드폰보다 컴퓨터를,
인스타보다 홈페이지를

우리 집에는 아이들이 직접 만든 핸드폰 사용 규칙이 있다. 아이에게만 적용이 되는 것이 아닌 가족 구성원 모두에게 적용되는 규칙으로, 이것은 나와 남편의 습관 때문에 만들어졌다.

'화장실에 핸드폰 들고 가지 않기!'

아이가 이렇게 규칙을 정할 정도면 얼마나 자주 핸드폰을 들고 화장실에 갔는지 대충 짐작될 것이다. 어릴 적 부모님이 화장실에 책 들고 들어가지 말라고 하셨는데, 이제는 아이가 정하는 규칙을 보니 나의 세 살 버릇은 화장실 습관인가 보다. 규칙 덕분에 우리는 화장실 갈 때 핸드폰을 놓고 가기 시작했다.

내게 핸드폰은 손안의 컴퓨터였다. 아이가 참여하는 여러 프로그램과 도서관 수업, 강의 등은 손안의 컴퓨터를 이용하여 찾은 정보들이다. 작정하고 자리에 앉아서 다루어야 하는 컴퓨터보다 훨씬 더 손쉽게 정보의 바다에서 필요한 정보를 낚는 도구는 핸드폰이었다. 보면 볼수록 교육에 관련된 다양한 정보를 알 수 있기에 손에서 떼어 놓을 수 없었다. 결국 핸드폰 규칙을 만든 아이들 덕분에 화장실을 갈 때는 손에서 휴대폰을 내려놓을 수 있게 되었다.

이는 나만의 문제가 아니라고 본다. 엄마들이 가족들을 피해 핸드폰을 마음 놓고 할 수 있는 시간이 얼마나 될까. 예전 어느 예능에서 화장실에 티 테이블을 놓고 책을 읽는다는 한 연예인의 사연에 많은 엄마가 공감했다고 한다. 엄마들에게 거론되었던 그 에피소드는 나에게도 공감되었던 부분이다. 하지만 우리 집 화장실은 테이블 놓을 정도의 공간이 안 된다. 잠시 벗어나고 싶은 현실에서 다른 세상을 볼 수 있는, 세상과 소통할 수 있는 도구로 핸드폰만 한 것이 없다. 다모임, 싸이월드, 카카오스토리, 페이스북, 인스타그램 등 지금까지 내가 거쳐 온 소통의 창구만 하더라도 5가지나 된다.

요즘 자주 이용하는 곳은 인스타그램인데 다양한 사람들이 살아가는 모습을 보다 보면 시간이 금방 흐른다. 훌쩍 시간을 보내고 나면 내 삶도 아닌 타인의 삶에 왜 이리 호기심이 많아질까 의아해하기도 했다. 인간은 자신이 살아 보지 못한 삶에 대해 꿈을 꾸고 부러워한단다. 이런 의미에서 인스타에 올라온 사진을 보며 대리 만족을 느꼈던 게 아닐까 싶다. 하지만 그건 결코 내 것이 아니었다.

아이가 온종일 게임 하는 모습을 보면 화가 나고 속상한데, 휴대폰을 손에서 놓지 못하는 엄마의 모습에 아이도 화가 났을 것 같다. 그래서 아이가 핸드폰 규칙을 제안했을 때 바로 받아들일 수밖에 없었다.

인스타그램 사용을 줄이니 그 시간에 다른 정보들을 찾게 됐다. 컴퓨터를 활용하여 교육청, 과학교육원, 과학관 등에서 아이에게 필요한 프로그램과 함께 들으면 좋을 강연들을 찾을 수 있었다. 그러면서 지금 현실에서 필요한 것을 직접 찾고 내 것으로 만드는 것이 훨씬 더 가치가 있다는 사실을 깨닫게 됐다.

어른인 우리는 늘 잊고 있는 것이 있다. 우리가 아이들에게 바라는 모습이 있듯이, 아이들 또한 부모에게 바라는 모습이 있다는 것이다. 자신은 핸드폰 사용에 시간 제한이 있는데, 어디서든 핸드폰을 하는 엄마가 미웠을 테고 한편으로는 억울했을 테다. 더군다나 화장실까지 가서 휴대폰을 하는 모습은 더욱 보기 좋지 않았기에 규칙을 제안했을 것이다. 떼쓰지 않고 현명하게 규칙을 정한 아이 덕분에 엄마가 성장하게 되었다.

요즘은 핸드폰을 화장실에 들고 들어가지 않는다. 그렇다고 핸드폰을 등한시하는 사람이 되었냐, 그것도 아니다. 여전히 인스타그램도 하고, 단체 카톡으로 많은 대화를 나누며 정보를 주고받기도 한다. 하지만 예전처럼 대리 만족을 위해 몰두하는 것이 아닌 현실에서 실현 가능한 것들을 찾아 하나씩 시도해 보려고 노력한다.

아이의 인생은 인터넷 세상 속에 있는 사람들이 아니라 바로 옆에 있는 사람들에게서 영향을 받는다. 따라서 아이와 함께할 수 있는 것을 찾아 좀 더 의미 있는 사이트를 들여다보기로 했다. 가끔은 교육청 사이트 못지않게 좋은 습관과 영향력을 가진 분들의 인스타그램도 많다. 시간이 지나면 이 또한 바뀔 것이란 것을 알기에 이 글을 읽는 분들도 자신에게 맞는 플랫폼을 찾을 수 있길 바란다.

우리가 사는 지역을 알아 가며
내 뿌리 이해하기

수목이 우거지는 4~5월에는 어디를 가도 초록과 연두의 싱그러움으로 가득해 기분이 좋아진다. 아이가 가고 싶은 곳이 있다면 과감하게 하루 일정을 빼고 함께 가고 싶었던 곳을 찾아간다. 이동하는 동안 이야기도 나누고, 창밖 풍경을 감상하는 시간도 갖는다.

얼마 전 독서 모임에서 아이와 함께 여행하기 좋은 시기에 대해 이야기를 나누었다. 더불어 아이들이 어렸을 때 떠났던 여행에 대한 각자의 이야기보따리도 풀었다. 아이와 함께했던 여행의 공통점은, 아이에게는 남은 것이 없었고 부모에게는 고생만 남았다는 것이다. 생각해 보면 이것저것 보여 주고 싶은 초보 엄마의 앞선 마음에, 아이의 흥미와 시선을 고려하기보다 어른의 눈으로 골라낸 것들만 아이에게 보여 줬던 것은 아니었을까.

부모의 선택이 곧 결정이 되는 유아기에는 핸드폰을 붙들고 여러 정보를 모아 애써 데리고 왔는데, 정작 관심 없는 아이를 보면서 제풀에 지쳐 화가 난 적이 많았다. 이는 나만의 경험이 아니었고 모두가 공감한 부분이었다. 결국 아이와 여행하기 좋은 시기는 아이가 원할 때라는 쪽으로 의견이 모아졌다.

아이를 키우며 가장 많이 생각난 속담을 꼽으라면 '등잔 밑이 어둡다.'이다. 아이가 어렸을 때는 무조건 집 밖으로 나갔다. 매주 밖으로 나가다 보니 체력도 문제였지만 경비도 만만치 않았다. 게다가 아이가 준비한 것에 따라와 주지 못하는 날에는 신경이 예민해져 가족들이 나의 눈치를 봐야만 했다. 즐거워야 할 나들이가 부담으로 느껴지면서 이건 아니라는 생각이 들었다.

이런 반성이 있은 후 아이의 눈높이와 컨디션을 생각하면서 가까운 곳을 여러 번 방문하여 실컷 놀 수 있도록 했다. 같은 장소를 반복적으로 방문하다 보니 이제는 그곳이 어떤 곳인지 말하지 않아도 알았다. 자신이 갔던 곳을 지도로 그려 다녀온 날짜를 표시했고, 그 표시가 여러 번 쌓이자 목적지를 말하지 않아도 어디로 향하는지 아이는 알아챘다.

익산에는 유네스코 세계 유산으로도 등재된 미륵사지가 있다. 어느 지역이나 그곳만의 역사 문화 유적지가 있을 것이다. 우연한 기회에 지역을 탐방하며 우리가 살고 있는 곳과 역사에 대해 아이에게 설명해 주었다. 태어나 자란 지역의 이야기여서인지 아이도 역사에 관심을 보이기 시작했다. 이때 나에게 익숙하고 사소했던 것들이 아이에게는 흥미로운 부분이 될 수 있다는 것을 알게 됐다.

우리 지역에서는 매년 벚꽃이 피면 야행 축제가 펼쳐진다. 익숙한 장소에서 진행되는 축제는 그곳에서 많은 시간을 쌓아 둔 아이에게 그동안 누적된 경험과 역사에 대한 지식을 모두 꺼내 볼 수 있는 절호의 기회가 된다. 한번 지역 축제에 참여하여 재미를 붙인 아이는 스스로 관심을 갖고 다른 지역의 축제까지 찾아보았다고 한다.

지역의 알짜배기 정보를 알고 참여하기 위해서 가장 먼저 해야 할 것은, 아이와 함께 지역에 있는 자원을 찾아 꾸준히 탐방하며 자연스레 스며들도록 해야 한다는 것이다. 욕심껏 많은 걸 알려 주기보다 아이가 다시 가고 싶다는 마음이 생기도록 하는 것이 가장 중요하다. 지역에 있는 자원을 찾다 보면 다양한 행사를 알게 된다. 일일 프로그램은 부담 없이 가볍게 즐길 수 있다면, 수개월 동안 진행되는 장기 프로그램은 주제에 따라 깊은 경험할 수 있다. 놓친 프로그램에 대해 미련을 갖지 않는 편인데 종종 장기 프로그램은 놓치면 아쉬움이 커지기도 한다.

아이와 함께 지역에서 운영하고 있는 시티 투어에 참여한 적이 있다. 이때의 경험으로 백제 역사에 관심이 생겨 같은 역사를 가진 다른 지역의 시티 투어에도 참여했다. 덕분에 아이가 백제 시대에 관심을 갖고 이해하는 데 많은 도움이 되었다. 시티 투어 또한 지역 자원을 활용한 프로그램으로 문화 해설사 선생님과 함께 동행하니, 처음 방문하는 지역이라면 찾아서 경험해 보기를 추천한다. 시간적으로나 경제적으로나 유익한 프로그램이다.

나무는 위로 뻗기 전에 뿌리를 내리는 시간을 꽤 오랫동안 갖는다. 나무의 뿌리가 어떠한 환경에서도 적응할 수 있는 안정적 상태가 되면 비로소 땅 위로 줄기를 뻗어 올린다. 내가 사는 지역에서 내 뿌리에 대해 자세히 알 때 다른 지역에 가서도 그곳의 뿌리가 되는 것들에 대해 제대로 알 수 있지 않을까.

아이가 태어나기 전 이방인 같았던 나는, 지역에서 진행하는 프로그램에 참여하면서 애향심이 생겼다. 그리고 다른 지역 프로그램에 참여하여 좋은 것이 있다면 꼭 메모나 사진을 찍어 와 건의하기도 한다. 좋은 것은 함께 보고 함께 나눌 때 비로소 빛을 발한다. 내가 지금 살아가는 곳, 그리고 우리 아이들이 살아갈 지역이 더욱 좋은 곳으로 발전할 수 있었으면 한다.

어쩌다 보니 방송 출연

"나온다, 나온다, 나온다."

"주영아, 너 나온다."

부끄러워 재빨리 방으로 숨는 아이를 보면서 우리는 웃음을 멈출 수가 없었다. 텔레비전 화면에 나오는 아이의 모습은 말하는 것도, 웃는 것도, 심지어 가족만 알고 있는 습관까지 주영이 그대로였다. '텔레비전에 내가 나왔으면 정말 좋겠네, 정말 좋겠네.' 노래를 부르며 소원이라 말하던 아이의 꿈이 이루어진 순간이었다. 본방송 때는 텔레비전에 나오는 자신의 모습을 낯설어하며 제대로 보지 못했다. 그 대신 다시 보기를 통해 한 번 보더니 신기했는지 한 달 내내 보고 또 보며 자기 대사를 외울 지경에 이르렀다. 아이가 방송 출연을 하게 된 건 순전히 우연이었다.

어느 시점이었는지 잘 기억나지 않는다. 어떤 순간부터는 엄마가 아닌 친구들과 조금 더 교류할 수 있도록 한 발 뒤로 물러서서 지켜볼 수 있는 프로그램을 찾았다. 단발성으로 끝나는 체험보다 아이가 새로운 친구들을 알아 가며 어울릴 수 있는 긴 호흡의 과정이 필요했다. 때마침 완주〈만경강 사랑지킴이〉에서 진행하는 3개월 과정의 프로그램을 알게 되었다. 이 프로그램은 다양한 연령대가 참여할 수 있다는 점이 좋았다. 나는 수업 계획 안에 포함되어 있던 습지 탐방과 연잎대로 빨대 만들어 비눗방울 불기 체험을 보고 곧바로 신청했다.

신청하고 보니 까맣게 잊고 있었던 한 가지 사실이 떠올랐다. 아이는 곤충을 무서워했다. 취소해야 하나 고민이 들었다. 그러나 흙 만지는 것을 더럽다고 여겼던 아이가 도자기 체험을 통해 흙은 부드럽고 유익한 것이라는 인식을 갖게 된 것처럼 이번 수업을 통해 생태와 자연에 대한 이해를 넓히고 두려움을 극복했으면 하는 마음으로 그냥 참가시키기로 했다.

다행히 프로그램에 참여하는 동안 곤충이나 벌레를 스스럼없이 잡는 선생님과 누나, 형들의 도움으로 아이도 두려워하지 않고 곤충을 관찰할 수 있었다. 직접 경험함으로써 모든 곤충이 사람에게 해를 끼치는 게 아니란 사실을 깨달은 것이다. 이제는 벌레를 그리 무서워하지 않게 됐다는 것, 그리고 아직 만지지는 못하지만 뒷걸음질 치지 않고 관찰할 수 있다는 것이 아이에게는 의미 있는 변화가 되었을 것이다.

〈만경강 사랑 지킴이〉에서 진행하는 생태 프로그램이 SBS 프로그램 '세상에서 가장 아름다운 여행' 촬영팀과 함께한다는 것을 알았을 때 기쁨 반, 두려움 반이었다. 누구나 한 번쯤 속으로 텔레비전에 나온 내 모습을 상상해 보지 않았을까? 나 역시도 어린 시절 방송에 나오고 싶다는 생각을 하며 나가면 노래를 불러야지 하는 야무진 계획까지 세웠었다. 하지만 자신의 선택을 책임져야 하는 어른이 되고 보니 방송에 나오는 것이 무척 어려운 일이라는 것을 알게 되었다. 아이의 활동이 공중파 방송에 나온다니 기뻤다. 그러나 한편으로는 아이의 말하는 습관, 태도, 행동 등이 모두 녹화가 되어 나가는 것이 걱정됐다. 자유롭게 수업에 참여할 수 있도록 하고 싶은데, 방송에 출연한다는 이유로 아이에게 '태도를 단정히 해라, 말은 또박또박, 허리는 꼿꼿하게 세워야지.'라며 잔소리를 멈출 수 없을 것 같았다.

그런데 그 당시 나의 불안한 마음을 알았는지 촬영 담당 선생님은 아이들에게 칭찬을 아끼지 않았다. 서울에서 지방으로 촬영차 왔던 선생님은 수업 시간에 제일 어렸던 주영이에게 질문의 기회를 자주 주었고, 촬영이 끝나면 항상 잘했다는 칭찬을 해 주었다. 촬영 담당 선생님 덕분에 그 프로그램 시간을 아이는 늘 기다렸다. 또한 아이는 카메라를 보고 이야기하는 도중 실수를 해도 다시 정정하며 또렷하게 자기 생각을 말하는 법을 배웠다. 이러한 경험들은 학교에서 아이가 앞장서 발표하고, 새로운 것에 대해 두려워하지 않고 도전하는 용기의 토대가 됐다. 지금 와서 생각해 보니 촬영 담당 선생님의 칭찬이 아이에게 낯설음을 견디는 큰 힘이 되었던 것 같다.

시간이 꽤 흐른 지금, 같이 참여했던 다른 친구들도 여전히 잘 지내고 있는지 궁금해졌다. 벌레를 무서워한다는 등의 이유로 프로그램을 신청하지 않았다면 방송 촬영이라는 값진 경험을 얻을 수 있었을까. 여러 차례에 걸쳐 촬영된 내용이 편집되어 20분 분량으로 방송되었다. 시간이 지나도 생생하게 그날의 일들이 기억된다는 것은 아이와 나에게 평생 잊지 못할 정도로 강렬하고 좋았던 경험이었기 때문일 것이다.

그림책을 좋아해서 어쩌다 보니 아이는 동네 책방 주인과 단짝이 됐다. 나와 함께 참여했던 플리마켓의 경험을 토대로 어린이 나눔 장터에서 처음 본 사람에게 물건도 판매해 보았고, 도서관 과학 수업은 실험하는 재미에 꾸준히 참여하고 있다. 미술관 프로그램에 참여하여 그렸던 그림으로 미술에 대한 자신감을 가지게 되었고, 생태와 자연 수업을 신청했는데 방송까지 나오게 되어 잊지 못할 추억을 만들었다. 이렇게 차곡차곡 쌓인 다양한 경험은 시간이 지나 주영이가 어른이 되었을 때 새로운 걸음을 내딛는 데 도움이 되어 줄 것이라 믿는다.

4

친구와 함께 더 잘 노는 아이

좋아하는 것을
친구와 함께 나누기

새로 산 책가방과 신발주머니를 들고 종종걸음으로 교문을 들어서던 아이의 뒷모습이 어제 본 것처럼 눈에 선하다. 그런데 어느새 어린이로, 청소년으로 날마다 자라는 모습에서 다시 한번 지금 이 순간을 함께 즐기며 슬기롭게 보내야겠다고 생각한다.

주영이는 3살부터 졸업 때까지 한 어린이집만 다녔다. 문제는 집 근처 어린이집을 다니지 않아서 막상 초등학교에 입학하니 함께 다닐 친구가 없다는 것이었다. 나 또한 아는 사람 하나 없어 불안했지만, 내가 할 수 있는 일이라곤 아이가 잘 적응하길 바라는 것뿐이었다.

학교에 들어가기 전 수없이 쏟아지는 정보에 휘둘리며 교육에 대해 많은 선입견을 갖고 있었는데, 내가 학부모가 되어 보니 모든 것은 교육관과 신념에 따라 다르다는 것을 알았다. 경험해 봐야 제대로 안다는 것, 초등학교 학부모 생활에서도 마찬가지였다.

큰아이가 3학년이 되자 아이가 다니고 있는 학교의 학부모회 임원을 맡았다. 아이도 나도 아무것도 모르고 시작했던 1학년, 둘째가 어린이집에 나가면서 첫째와 여유로운 시간을 보낼 수 있었던 2학년을 지나 학교생활에 어느 정도 적응이 됐다고 생각했던 3학년에 이제는 '내 일에 조금 더 집중할 수 있겠지.'라고 생각했었다. 그런데 학부모회 임원이라니 전혀 생각하지도 못했던 상황에 당혹스럽기만 했다. '내가 과연 자격이 될까?'라는 생각도 들었다. 무엇보다 망설임의 가장 큰 이유는 아이였다. 혹시나 나로 인해 사람들의 입에 아이의 이름이 거론될까 부담됐다.

"아들, 엄마 이거 해 보고 싶은데 고민이 되네."

"엄마가 저한테 항상 하는 말 있잖아요. 할까 말까 고민될 때는 한다! 엄마가 하면 잘할 것 같아요."

"정말?"

"엄마를 믿어 봐요."

아이의 말에 용기를 내 학부모회 임원직을 맡았다.

여러 플리마켓을 다니며 다양한 사람들을 만났다. 그중 나처럼 아이를 키우는 엄마들도 있었는데, 처음에는 내가 만들어 판매하는 물건들에 관심을 갖고 대화를 시작했다면 그 끝은 늘 아이들 교육에 관련한 주제로 옮겨 가곤 했다. 지금 생각해 보면 엄마들이 쉽게 이야기를 터놓을 수 있었던 이유는 같은 학군이 아니었기에 내가 그들에게 대나무 숲 같은 존재이지 않았을까. 엄마들의 이야기를 들으며 학교에서 학부모회가 어떤 활동을 하는지 나름 짐작할 수 있었다. 그래서 임원이 되었을 때, 그들에게 들었던 것들을 참고해 다양한 행사를 할 수 있을 것이라는 단단한 착각에 빠졌다.

몇 번의 활동으로 학부모회 임원에 대한 생각이 바뀌었다. 나 스스로 학부모회 임원을 지나치게 대단한 존재라고 생각했던 것은 아니었는지 돌이켜 보았다. 그리고 '내가 왜 이 일을 맡게 되었을까?'란 생각을 하면서 관심을 학부모가 아닌 학생들로 바꾸었다. '그래, 뭐 별거 있나? 내가 아이와 했던 다양한 정보들을 나누자. 하고 안 하고는 내가 아니라 엄마들이 선택하는 거잖아.' 그래서 반 대화방에 아이와 함께 체험할 수 있는 프로그램들을 찾을 때마다 하나씩 하나씩 올리기 시작했다.

아이 혼자 다니던 행사에 반 친구들이 한 명 두 명 모여 같이 참여하게 됐다. 우리 지역에서 열린 서현 작가의 그림책 콘서트 〈눈물바다〉는 학교 친구들과 처음으로 함께 관람했던 공연이다. 아이의 활동에 함께하는 친구들이 생기기 시작했다. 나 또한 혼자 다니는 것에 익숙해져 함께하는 게 어색하고 불편하기도 했지만, 아이가 좋아하니 변할 수밖에 없었다. 게다가 엄마들도 조금씩 곁을 내주면서 아이들과 함께 다니기 시작했다. 보이지 않아서 몰랐을 뿐 모두가 변하기 위해 노력하고 있었다.

혼자 하는 것이 익숙했던 아이는 어느새 친구들과 함께하는 재미를 느끼기 시작했다. 다른 아이들 또한 처음에는 시큰둥하더니 평소와 다른 경험들을 쌓으며 어느새 사이가 돈독해졌다. 학교는 작은 사회 집단이라는데, 반 아이들과 함께하다 보니 왜 이러한 말을 하는지 알 것 같았다. 아이는 그동안 엄마와 단둘이 쌓았던 경험들을 친구들과 함께하면서 새로운 세계가 열린 듯한 느낌이었다고 한다.

학부모회 임원이 되어 내가 가진 정보를 나누면서 나 또한 함께하는 것의 즐거움을 알게 됐다. 누가 먼저 다가와 주기를 바라기보다는 내가 먼저 마음을 열고 다가가야 한다는 것과 혼자만의 시간만큼이나 함께하는 시간도 필요하다는 것을 깨달았다.

이때의 과정과 결과가 늘 같이했던 아이들에게도 영향을 주었던 것 같다. 고학년이 된 아이들은 중고 물품을 파는 행사에 참여하기 위해 스스로 멤버를 모아 팀을 구성했다. 어깨너머로 보아 왔던 시간이 반짝반짝 빛을 발했다. 작은 용기로 시작했던 노력이 아이들에게도, 나와 어른들에게도 깊이 스며들었다.

또 어느 시기에는 반 친구들과 뜻을 모아 집콕 챌린지를 진행했다. 엄마들이 모두 모여 아이들의 시선에서 흥미 있을 만한 미션을 정했다. 정해진 미션은 매주 월요일 아이들에게 전달했고, 일주일이란 시간 동안에 미션을 수행하고 결과를 나누는 프로젝트였다. 3개월 정도 지났을 때 버킷 리스트 만들기 미션이 주어졌다. 버킷 리스트가 적힌 메모가 카톡에 올라올 때마다 무엇이 적혀 있을지 기대가 되었다.

아이들의 개성이 모두 다르듯이 버킷 리스트 또한 다양했다. 버킷 리스트에도 아이들 각자의 개성이 그대로 묻어나 있다는 게 신기했다. 그러다 한 가지 공통된 아이들의 소원을 발견하게 되었다. 그건 바로 '친구들과 함께 캠핑하기'였다.

오랜만에 만난 엄마들과 우리만의 방학 프로그램을 만들자는 이야기가 나왔다. 다양한 의견을 나누었는데 코로나19로 인해 학습이 지연된 시기이다 보니 아이들에게 필요한 교육적인 부분에 대한 의견이 많았다. 미술 학원 일일 특강, 동네 책방 방문하기, 1박 2일 캠핑, 역사 유적지 탐방 등등 여러 아이디어가 나왔다. 목록을 정리하여 아이들에게 가장 하고 싶은 것이 무엇인지 묻고 실현 가능한 것부터 시작했다.

아이들이 즐길 수 있는 것들을 찾았을 때 일일 특강으로 할 수 있는 것들이 많았다. 우리가 찾은 미술 학원에서는 한 시대를 주름잡았던 미술가를 주제로 일일 특강을 진행했다. 친구들과 함께여서 낯선 수업도 거부감 없이 시작할 수 있었다. 또한 일일 특강을 통해 미술 역사에 재미를 느낀 친구들도 있었다고 한다.

겨울 방학에는 엄마들과 함께 '책 읽어 주는 예쁜 엄마'라는 슬로건으로 친구들에게 그림책을 읽어 주고 함께 활동하는 프로그램을 운영했다. 책을 좋아하는 친구도 있었지만 싫어하는 친구도 있어서 과연 아이들이 그림책 낭독에 집중할 수 있을지 걱정됐다. 엄마들 또한 순번을 정해 돌아가며 아이들과 함께했는데, 자신들의 차례가 오기 한참 전부터 열심히 그림책 관련 자료를 준비했다.

프로그램의 첫 시간이 끝나고, 함께하니 더 재미있었다는 아이의 말에 '됐다! 성공이다.'라고 생각했다. 그림책의 주제를 잡아서 누구 하나 소외되지 않고 잘 참여할 수 있도록 신경을 썼다. 덕분에 아이들의 참여율이 높았다. 평소 소극적인 아이 또한 엄마들이 관심을 두고 함께 참여할 수 있도록 도와주니, 시간이 지날수록 먼저 손 들고 이야기하는 적극적인 모습을 보여 주었다.

처음에는 부모가 하자고 해서 그냥 따라 나온 아이, 자신이 무엇을 좋아하는지 몰랐던 아이, 이미 자신만의 즐길 것을 지녔던 아이 등등 다양했지만, 이들이 모여 하나의 경험을 만들어 갔다. 그러면서 아이들은 '같이'의 가치를 스스로 이해하게 되었다.

주영이는 6살 터울의 동생이 태어나기 전까지 외동이었다. 양가 조부모님 모두 첫 손주라 늘 넘치는 사랑을 주셨다.

가족의 모든 사랑이 주영이에게 집중이 됐다. 그런데 둘째가 태어나면서 관심과 사랑이 자연스럽게 나뉘게 되었고, 아이 또한 잘 받아들였다 생각했다. 그러던 어느 날 눈물을 뚝뚝 흘리며, "엄마가 예전처럼 나를 사랑하지 않아."라고 말하여 가슴이 턱 막혔던 적이 있다.

'늘 내 품 안에서 감싸고 돌았구나.' 아이가 세상에 태어나 엄마 품에 있는 시간도 필요하지만, 밖으로 조금씩 발을 내디딜 수 있도록 도와주는 시간도 필요하다는 것을 둘째를 낳고서 알았다. 아이의 일에 적극적으로 나서는 엄마가 아닌 뒤에서 지켜보고, 아이 스스로 친구들과 어울릴 수 있는 환경을 마련해 주었어야 했다.

아이가 매일 친구들과 하하, 호호 웃으며 놀진 않는다. 친구 관계로 좋아할 때도 있고, 힘들어할 때도 있고, 슬퍼할 때도 있다. 이러한 과정이 친구 관계에만 해당할까. 제일 마음 편한 곳에서 넘어지고 무릎도 깨지면서 아이는 스스로 성장해 가는 게 아닐까 생각한다.

좋아하는 취미를 함께 만든다는 것은 그만큼 나와 뜻이 맞는 친구를 만났다는 것이다. 공부도, 운동도, 심지어 게임도 재밌어야 한다. 시작은 엄마들이었지만, 그 모든 과정을 지나온 아이들이 언젠가 때가 되면 함께할 수 있는 재미있는 일을 만들지 않을까 조심스럽게 기대해 본다.

시티 투어, 신나게 놀면서 역사 공부하기

"우리 수업 시간에 봤던 곳이다."

"여기 축제 때 왔던 곳인데?"

"이렇게 좋은 곳이 가까이에 있었어요?"

아이들과 함께 소풍을 떠났다. 이왕이면 재미있게 놀면서 길게 여운이 남는 체험이 되었으면 해서 알아보았던 것이 시티 투어였다.

지금 거주하고 있는 지역에 대해 잘 알 수 있으면서, 경제적으로도 부담없는 시티 투어를 하게 됐다. 시티 투어의 최대 장점은 그 지역에서 역사적으로 또 관광지로도 유명한 곳을 코스에 적절하게 배치해 둔다는 것이다. 그런 의미로 시티 투어는 초등학생 아이들에게는 적격이었다.

처음에는 아이들이 지루해하지 않을까 걱정이 됐다. 하지만 우려와 달리 평소보다 아이들의 집중도가 좋았다. 문화 해설사 선생님과 함께하며 평소 알지 못했던 지역의 유래와 역사에 관련한 설명을 들으니 엄마들도 아이들도 흥미로워했다.

시티 투어를 하면서 아이들이 학교에서 익산 지역의 역사와 깊은 관련이 있는 백제에 대해 배우고 있다는 것을 알게 됐다. 그래서였는지 문화 해설사 선생님의 질문에 모두 열심히 대답하는 등 참여도가 높았다. 뜻하지 않게 학교에서의 수업을 복습한 것이었다. 더운 날씨임에도 불구하고 이탈자 없이 1회차 시티 투어를 무사히 마쳤다. 한 번의 경험으로 판단할 수 없지만 아이들이 백제 문화에 관심을 보여 다른 지역의 시티 투어까지 알아보았다. 그렇게 결정된 곳은 부여였다.

시티 투어 때마다 항상 날씨가 좋아서 다행이었다. 익산 지역을 탐방할 때는 아이들 입맛에 맞는 식당을 찾는 것도 투어 코스를 정하기도 쉬웠다. 하지만 부여는 처음 방문하는 곳이기도 했고, 개인이 아닌 단체로 이동하다 보니 코스 정하기부터 쉽지 않았다. 부여군청에 문의하여 역사 투어 매니저를 배정받고, 탐방 코스와 음식점을 추천받았다. 이후 함께했던 엄마들과 상의하여 모든 일정을 잡은 다음 진행했다.

부여 시티 투어 당일. 첫 투어 때와 마찬가지로 아이들에게 역사에 관해 공부하라는 등의 설교는 하지 않았다. 그저 아이들이 온전히 즐길 수 있는 여행이 되었으면 하는 바람이었다. 부여로 향하는 버스 안에서 아이들의 주도하에 게임을 하였고, 도착해서는 문화 해설사 선생님의 지도를 받아 이동했다.

백제 문화에 대해 관심이 많았던 아이들은 문화 해설사 선생님이 묻는 질문들에 척척 대답을 했다. 평소처럼 가족끼리 왔다면 아이들이 이만큼 적극적으로 나설 수 있었을까 싶다. 친구들과 함께하는 여행에선 서로의 이야기를 듣는 시간이 많다 보니 아이들에게 더 유익한 경험이 되었던 것 같다. 그리고 엄마들에게도 함께하는 힘이 얼마나 아이들에게 많은 영향을 미치는지를 생각할 수 있는 기회이기도 했다.

역사에 관심이 없던 내가 아이들과 함께함으로써 역사의 재미를 알게 되었고, 옛 어른들의 지혜도 배우게 됐다. 더불어 이때의 경험을 발판 삼아 함께했던 분들과 가족들 모두 함께하는 지역 역사 탐방 동아리를 만들어 활동하게 됐다. 동아리 활동 중 시에서 주관하는 공모 사업에 지원하여 당당하게 1등으로 합격하는 성과를 이루었다.

아이를 키우며 가족 여행도 좋지만 또래 친구들과 떠나는 역사 여행도 꼭 한번 추진해 보기를 권한다. 역사에 관심 없던 아이도 친구들과 함께면 관심을 갖게 되고, 어린 시절 어렵게 역사 공부를 했던 부모님들에게도 다시금 역사에 흥미를 느낄 수 있는 경험이 될 것이다.

나만의 속도를 찾아
함께 떠나는 자전거 라이딩

카톡, 카톡, 카톡…….

아침부터 핸드폰이 요란했다. 자전거 라이딩을 같이 하기로 한 엄마들의 수다에 핸드폰도 덩달아 열심히 일하는 중이다. 얼굴에 닿는 바람이 쌀쌀한 이른 봄, 누군가 엄마들도 아이들도 몸무게가 너무 늘어 걱정이란 말에 아이들과 함께 라이딩을 하자는 이야기가 나왔다. 약속한 날이 되었다. 햇볕은 따뜻해도 아직 바람이 차가워 걱정이었지만 친구들과 함께할 생각에 신난 아이를 보니 다른 아이들도 마찬가지일 것 같아 일단 갈 수 있는 데까지 가 보자는 생각으로 출발했다.

동네 맨 끝 집부터 시작하여 한 명, 두 명 합류하기 시작했고, 어느덧 어른을 포함하여 여덟 명이 됐다. 그런데 우리가 미처 예상하지 못한 게 있었다. 아이들은 아무리 친하다 해도 보이지 않는 경쟁심이 발동된다. 이번에도 역시나 누가 먼저라고 할 것 없이 경쟁심이 발동됐다. 전투적으로 페달을 밟는 아이들에게 멀리 가야 하니 적당히 힘을 조절해야 한다고 이야기해 주고 싶었다. 가족 라이딩을 통해 여러 번 힘 조절 실패를 맛보았던 주영이조차 친구들과 함께하니 까맣게 잊고 앞으로 나가는 것에만 집중하고 있었다.

모든 일은 동전의 양면과 같다. 목적지를 향해 갈 때 바람이 뒤에서 빨리 갈 수 있도록 밀어 줬다면, 반대 방향으로 올 때는 바람을 마주 안고 와야 한다. 따라서 목적지를 향해서 갈 때 쉬웠다면 돌아오는 길은 두 배로 힘이 드는 것이 라이딩이다.

이러한 것을 일러 주어야 하나 고민하는 사이 신이 난 아이들은 씽씽 달려 저만치 가고 있었다. 그 모습을 보고 돌아올 때 꽤나 난관이 있겠다고 예상했는데, 아니나 다를까 도착지에 닿기도 전에 아이들은 눈에 띄게 지쳐 갔다. 흘린 땀이 식어 감기가 들까 봐 사탕을 하나씩 물리고 출발했던 곳으로 돌아가기로 했다. 잠깐의 휴식과 달콤한 사탕 덕분에 아이들은 다시금 힘을 내어 페달을 밟았지만 바람을 안고 나아가기는 여간 힘든 것이 아니었다. 어른인 나 역시도 힘이 들었다.

결국 우려했던 일이 현실이 되었다. 자전거에서 내려 끌고 가는 아이가 나왔고, 그 아이의 엄마도 타고 있던 자전거에서 내려 아이와 함께 걸었다. 뒤에서 바라보던 나는 가슴이 뭉클했다. 살면서 수도 없이 많은 실패와 좌절, 어려움을 겪을 아이에게 곁에서 언제나 부모가 함께 있어 준다는 무언의 행동 같아서 그 모습이 두고두고 생각났다. 나는 평소 라이딩 할 때 주영이에게 '조금만 힘내서 앞에 있는 쉼터에 가서 쉬자!'라고 이야기했었다. 아이가 지치고 힘들어 할 때 옆에서 같이 걸어갈 생각은 왜 못 했을까 하는 아쉬움이 들었다. 하지만 지금 느낀 이 감정을 잊지 않고 같은 상황이 생겼을 때 실행에 옮기기로 했다.

내 앞을 걷던 두 사람은 아이 스스로 회복이 됐다고 느꼈을 때 다시금 자전거에 올라탔다. 아이들이 힘들다고 할 때 재촉하기보다 이겨 낼 힘이 준비될 때까지 옆에 함께해 주는 것이 중요하다는 것을 배웠다.

아이들과 출발점으로 돌아왔을 때, 그냥 헤어지기가 아쉬위 다른 아이의 집에서 보드게임 등을 하며 재미있는 시간을 보냈다. 그날 주영이는 집에 와서 바로 몸무게를 쟀으나 체중계 속 바늘은 그대로였다. 한 번의 운동으로 몸무게가 줄어드는 기적은 일어나지 않았다.

힘 조절에 실패했던 아이들은 완주하는 것을 목표로 다시 라이딩에 도전했다. 참여하는 횟수가 늘어날수록 어떻게 하면 목표한 곳까지 포기하지 않고 도달할 수 있을지 스스로 알아갔다. 자전거는 아이들의 체형에 맞게 바꾸었고, 힘들어 하던 호흡도 점차 좋아졌다. 당장 눈에 보이는 효과는 없지만, 하면 할수록 누적되는 효과가 있음을 느낄 수 있었다.

아는 분과 열심히 걷기 운동을 한 적이 있다. 같이 운동을 했는데도 어느 한 사람은 눈에 띄게 효과가 나타났지만, 어느 한 사람은 별다른 변화가 없었다. 같은 운동을 해도 사람에 따라 차이가 있다는 것을 알았고, 그럼에도 혼자 하는 운동보다는 누군가와 같이하는 운동이 많은 도움이 된다는 사실을 알게 됐다. 혼자 할 때는 숙제처럼 느껴지지만 같이 하면 재미있게 할 수 있는 것들이 있다. 나에게는 그것이 운동과 라이딩이었다.

여러 번의 라이딩을 통해 각자의 속력과 체력을 알고 서로 배려하며 함께 목적지를 향해 나아갈 수 있었다. 우리는 따로 라이딩을 하다 다시 모여 같은 곳을 향해 달렸다. 건강한 체중을 되찾기 위해 시작했지만, 지금 아이들은 자기들만의 놀이로 재미있게 라이딩한다. 그 모습을 보며 같이의 가치, 함께하는 즐거움이 무엇인지에 다시 한번 생각해 본다.

마주 불어오는 바람을 이겨 내기 힘들어 타고 있던 자전거에서 내려 걷는 아이의 앞에서 바람을 애써 막아 주는 부모가 아닌, 아이 옆에서 바람을 맞으며 함께 걸어가는 부모가 되려고 한다. 목적지에 빨리 도착해야 한다며 다그치는 부모, 방법을 알려 주는 부모가 아닌 아이가 스스로 경험하고 깨우칠 수 있도록 늘 아이를 믿고 지켜봐 주는 부모. 나는 아이들에게 그런 사람이 되고 싶다.

우리 손으로 직접 만드는
가장 신나는 축제

"사람들은 누구나 놀 권리가 있어. 우리는 놀아야 해, 호모 루덴스니까."

매년 어린이날이면 아이와 함께 지역 대학교 운동장에서 진행하는 큰 행사에 참여해 온종일 시간 가는 줄 모르고 재미있게 놀았던 것이 생각난다. 수많은 사람이 운동장 안에 모여 있어도 좋았던 것은, 깔깔거리며 웃는 아이들의 모습이 예뻤기 때문일 것이다. 그렇기에 그 웃음소리가 그리워 매년 5월 5일을 기다렸다. 옆에 있는 모르는 누군가와 이야기를 나누고, 행운을 지켜보고, 사소한 것에도 웃을 수 있는 것 함께하는 축제의 즐거움이다.

코로나19 시기에는 어린이날을 대비해 미리 신청했던 온라인 축제 키트를 바로 앞에 두고 유튜브 방송을 보고 있었다. 요란하게 울리는 핸드폰을 보니 읽지 않은 카톡 알람이 쌓이고 있었다. 같이 아이를 키우는 엄마들 모임인 '32클럽' 단톡방이었다. 무슨 재미있는 일이라도 있나 싶었는데 집에서 축제를 시청하던 나와 다들 비슷한 상황이었던 것 같다. 밖에서 아이들과 함께 활동하는 것을 좋아하는 부모들이 모인 곳이라 그런지, 이렇게 집에서 편히 있는 것도 좋지만 왠지 아이들에게 미안한 마음이 든다고 했다. 좀 더 재미있게 놀 수 있는 방법을 찾던 중 지역 공원 이야기가 나왔고, 자연스럽게 그곳에서 진행되었던 많은 프로그램이 떠올랐다. 우리는 도심 속 공원이 있어야 하는 이유를 아이들과 함께 활동하며 알았다.

아이들의 요구와 부모들의 실행력이 맞아 진행되었던 첫 축제는 핼러윈이었다. 아이들은 얼굴에 분장을 하고 다양한 캐릭터 옷을 입는 등 평소 하지 못하는 것들을 할 수 있어 신이 났다. 다행히 엄마 중에 메이크업 하는 분이 있어서, 아이들은 자신들이 하고 싶은 분장을 생각해 두었다가 축제 당일 하루만 오픈하는 '32분장실'에 찾아가 개성 있는 분장을 했다. 먼저 분장을 완성한 아이도, 차례를 기다리는 아이도 깔깔거리며 웃는 모습을 보면서 아이들이 원하는 축제가 이런 거구나 싶었다.

아이들의 의견을 반영하여 구상했던 32분장실과 퍼레이드는 핼러윈 축제를 처음으로 경험한 아이에게 오래도록 잊지 못할 추억이 됐다. 한 번의 성공적인 경험으로 자신감이 생긴 우리는 아이들이 의견을 내면 함께 모여 축제를 구상하기 시작했다. 누군가가 기획한 프로그램에 들어가기도 했지만 주로 우리만의 프로그램을 만들어 아이들의 참여도를 높였다. 부모들이 판을 깔아 주면 노는 것은 아이들의 몫이었다. 이러한 경험이 쌓이면서 아이들이 스스로 놀이를 하고 시간을 보내기 시작했다.

함께 모이기만 하면 즐기는 축제의 장이 됐다. 생각해 보면 축제라고 해서 시간을 내어 가도 기대에 미치지 못했던 곳도 많았다. 아무리 시대가 변했다 하더라도 잔치나 축제에는 함께 즐길 수 있는 사람들이 옆에 있어야 한다. 함께 즐길 수 있는 사람들이 곁에 있었기에, 우리 동아리가 모였을 때마다 축제처럼 신이 났던 것 같다.

당연하게 생각했던 것들이 당연하지 않게 된 지난날을

돌아보면, 온라인 행사로 가족 간의 색다른 추억을 쌓을 수도 있지만 한편으로는 다른 이들과의 교류와 정이 없어지는 것이 아닌지 아쉽기만 했다. 때마침 왔던 32모임의 카톡을 보니, 이들과 비슷한 생각을 나누는 것 같아 더욱 유대감이 느껴졌다.

우리가 그동안 시간 내 여행을 가고, 축제에 갔던 것이 정말 아이들이 원했던 것이 맞을까? 어쩌면 부모로서 최선을 다하기 위해 내가 해 주고 싶은 것을 아이가 원하는 것으로 착각했던 것은 아닐까? 이 점을 글을 쓰면서 제일 많이 생각했다. 내가 쓰고 싶은 글과 독자가 원하는 글은 다를 것이고, 아이들 교육 또한 내가 아이한테 해 주고 싶은 것이 아이가 원하는 것이 아닐 수도 있다.

핼러윈 축제를 기획하며 아이들의 참여를 높였던 것은, 어쩌면 말로 꺼내지 않았을 뿐 우리의 욕심이 아이에게 독이 될 수 있다는 것을 알았기 때문일 것이다. 부모가 끌고 가는 것이 아닌 아이들의 눈높이에 맞춰 함께 즐길 수 있는 축제를 만들고 싶었다. 아이들 또한 그동안의 경험들로 판이 깔리면 알아서 축제를 만들 수 있었던 것 같다.

다른 누군가가 만든 특색 있는 축제도 좋지만 함께하는

아이들의 의견을 모아 우리만의 축제를 만들어 보면 어떨까? 언제까지 우리가 아이들을 위해 축제를 찾아다닐 수는 없다. 아이들 스스로 자신들의 경험을 쌓을 수 있도록 도와주는 것이 필요한 것 같다.

'잘 놀아야 잘 자란다.'

잘 노는 것, 결국은 상황에 따라 아이가 어떻게 받아들이고 집중하느냐가 아닐까.

기쁨 두 배, 즐거운 봉사 활동

 단체 대화방에 '농촌 마을 벽화 봉사 같이 갈 사람'이라는 문장이 올라왔다. 조용했던 대화방은 금세 분위기가 바뀌어 시끌시끌해졌다.

 아이와 함께 참여할 수 있는 농촌 마을 벽화 그리기 봉사 활동이었다. 오래된 마을 벽에 전문가들이 그려 둔 밑그림 위로 다양한 색을 입혀 주는 활동이다. 한동안 밖에 나갈 일이 없어 심심해하던 아이에게 작은 이벤트가 되지 않을까 생각해서 바로 신청했다.

 당일 아침 일찍 벽화 그리기 장소인 마을을 찾아갔다. 안내받은 주소로 가니 깔끔하게 잡초가 제거된 오솔길이 나왔다. 오솔길을 지나 마을 입구가 나왔고, 그곳에 마을 회관이 있었다. 회관 옆에 트럭이 서 있었는데 짐칸에는 작업용 조끼와 붓이 우리를 기다리고 있었다. 처음에는 아주 깨끗했을 녹색 조끼는 벽화를 그리며 튀었을 것으로 예상되는 여러 색의 페인트들이 잔뜩 묻어 있었다. 신청했던 인원이 모두 모이고 벽화를 그리기 위해 트럭을 타고 작업 장소로 이동했다. 덜컹덜컹 거칠게 움직이는 트럭 짐칸은 오랜만에 만나 반가운 아이들의 웃음소리로 가득했다.

'그래 웃어라. 이러려고 만났지!'

좋은 기회에 참여할 수 있었던 벽화 그리기는 지역 시민 단체에서 꾸준히 하고 있었던 사회봉사 활동이었다. 외곽에 위치하거나 어르신들만 있어서 관리가 되지 않는 마을의 담이나 노후가 된 벽을 아름답게 가꾼다는 점에서 기억에 남는 경험이 될 것 같았다. 벽화 장소에는 먼저 왔던 전문가가 묵은 때가 쌓인 외벽을 청소하고 밑그림을 그려 두었다. 우리는 그저 정해진 숫자에 맞춰 색만 잘 칠하면 됐다.

페인트가 잔뜩 묻은 조끼와 장갑을 착용했다. 누구 하나 더럽다는 불평 없이 자리를 잡고 색칠하기 시작했다. 아이들이 컸다. 키도, 웃음소리도, 생각도 커졌다.

초여름이라 이른 아침에 작업을 시작할 때는 선선했지만 시간이 지날수록 점점 더워졌다. 집중해 그림을 그리던 아이들이 소란스러워지기 시작했다. 여기저기서 쫑알쫑알 떠드는데, 갑자기 색칠하고 있었던 담벼락의 대문이 열리면서 누군가 나왔다. 순간 다들 깜짝 놀라 아무 말도 못 하고 가만히 쳐다만 보았다. 담 안에 살고 계시는 어르신이었다. 시끄럽다고 꾸중하실 줄 알았는데, 수고한다며 커피와 음료수를 주셨다.

칭찬을 받은 아이들은 더 열심히 하자며 으쌰으쌰했고, 우리는 구슬땀을 닦으며 커피와 음료를 맛나게 마셨다. 그리고 다시 작업을 시작하려고 자리 잡았는데, 이번에는 다른 분께서 어린 친구들이 수고한다며 아이스크림을 사다 주셨다. 생각지도 못한 먹을 복이 굴러들었다.

한낮에는 더워서 벽화를 그릴 수 없다는 이야기를 듣고 마무리 작업에 들어갔다. 어른들은 실수한 부분을 다듬었고, 자기가 맡은 구역이 모두 끝난 아이들은 주변을 정리했다. 어느 정도 마무리가 되자 처음 우리를 데려다준 트럭이 왔다. 이미 지칠 대로 지친 아이들을 트럭에 태워 보내고 어른들과 함께 마을에 그려진 다른 벽화를 보기 위해 회관까지 걸어가기로 했다.

 어릴 적 나는 시골에 살아서 아파트에 사는 것이 소원이었다. 현재 아파트에 살고 있으니 소원을 이룬 셈이다. 그런데 아파트든 주택이든 사람 사는 곳은 다 똑같은 것 같다. 사는 곳보다 누구와 함께 사는지가 중요하다는 것을 아이를 키우면서 알아 가고 있다. 우리가 색칠한 벽화는 마을의 한 부분이었지만 회관까지 걸어가며 세어 본 벽화만 10개가 넘었다. 모두가 정성 들여 그린 것들이었다.

 코로나19로 집에만 있던 아이들을 위해 나왔지만 오늘 함께한 일은 결코 작은 일이 아니었다. 우리가 함께 그린 그림은 누군가에겐 매일 아침 밭에 나갈 때 보는 그림일 것이며, 손주들이 찾아왔을 때 기념사진 찍는 배경이 될 수도 있다. 그리고 어쩌면 마을 어르신들이 그림을 보면서 쫑알대며 벽화를 그리던 우리의 모습을 기억할 수도 있다.

 마을 회관에 가니 지쳤던 모습은 어디론가 사라지고 열심히 놀고 있는 아이들이 보였다. 땡볕 아래서 오랫동안 벽화를 그린 아이들이 대견하게 느껴졌다. 회관 문 옆에 차곡차곡 쌓인 조끼들에는 처음 보았을 때보다 더 많은 페인트가 묻어 있었다.

우리는 처음 경험한 벽화 봉사였지만 적지 않은 사람들이 이미 알고 있는 봉사라고 했다. 마음을 더하여 하나씩 하나씩 이뤄 간다는 생각에 그동안 무심코 지나쳤던 벽화들이 생각났다. 해 본 사람만이 안다고 했던가. 아이들 또한 어디선가 벽화를 본다면 이날의 경험을 떠올리게 되겠지.

작은 성공의 힘, 책거리

"우리가 뽑혔다고."

"이제 우리 이 돈으로 탐방할 수 있다."

작은 성공들이 모여 큰 성공을 이룬다고들 한다. 우리가 아이들과 함께한 시간을 돌이켜 보면 틀린 말이 아니다. 한 번도 도전해 보지 않았던 공모전에 발을 들여놓게 된 것은, 순전히 아이들과 함께할 수 있는 것들을 찾다 우연히 시작한 것이다. 시에서 운영하는 동아리 사업비 지원 공모였다. 공문을 보는 것부터 필요한 서류를 작성해 제출하는 것까지 모든 과정이 처음이었지만, 함께할 수 있다는 생각에 전혀 힘들지 않았다. 서류를 만들며 함께 찍은 사진들을 보니 '티끌 모아 태산'이라고 추억들이 하나씩 차곡차곡 꽤 많이 쌓였다는 것을 알았다.

동아리의 특색을 살리기 위해 모두가 즐거워했던 역사 탐방을 중심으로 공모전을 준비했다. 이번에는 가족 구성원 모두가 함께 갈 수 있는 계획을 세워 '지역 역사 탐방 - 청년사탕'이란 명칭도 새로이 지었다. 결과 발표가 예정된 날에 사이트를 수시로 확인했고, 드디어 우리 동아리 이름이 제일 먼저 적혀 있는 결과를 얻었다. '지역의 역사'라는 뚜렷한 주제와 지난 활동 내용, 그리고 다양한 연령층의 참여가 주목을 받았던 것 같다. 과거에 했던 활동을 바탕으로 시 보조금을 지원받아 무언가를 한다는 것이 뿌듯했다.

내 옆에서 동아리 서류 작성을 도와줬던 아이 역시 친구들과 했던 다양한 활동을 정리하면서 나름의 추억들을 꺼내 볼 수 있는 시간이었음은 물론, 앞으로 진행될 지역 역사 탐방 계획에 대해서도 관심을 보였다. 하지만 아이가 제일 좋아했던 것은 역시나 친구들과 함께한다는 것이었다.

그렇게 시의 지원을 받아 가족 모두가 함께 떠나는 지역 역사 탐방이 시작됐다. 아이들의 눈높이에서 즐길 수 있는 프로그램으로 기획하였더니 반응은 폭발적이었다. 시에서

받은 지원금으로 지역 전문 강사를 초빙함으로써 프로그램을 더 풍성하게 준비할 수 있었다.

오리엔테이션 포함하여 마지막 책자를 만들기까지 총 5번의 계획안이 구성됐다. 오리엔테이션을 제외하고 첫 공식 일정은 왕궁리 유적지와 토성이었는데, 오래 걸어서였는지 간식으로는 성이 차지 않은 아이들이 배고프다고 아우성이었다. 두 번째 탐방부터는 아이들을 위해 간식과 식사를 푸짐하게 준비했고, 놀거리도 준비했다. 두 번째 일정은 익산의 4대 성지 중 하나인 원불교 중앙 총부와 숭림사였다. 두 곳을 탐방하며 이곳에 관한 설명도 좋았지만, 무엇보다 자연 속에 자리하고 있어 아이들이 맘껏 뛰어놀 수 있다는 점이 좋았다.

매회 모든 탐방이 마무리될 때마다 참가했던 어른과 아이들은 그날의 감상문을 남겼다. 어른들의 감상문을 보고 듣는 것도 좋았지만 아이들의 감상문을 보는 것이 더 재미있었다. 그날의 감정이 고스란히 드러나 있기 때문이었다. 프로그램이 온전히 걷고 뛰는 탐방에만 집중되어 있어 힘들 텐데도 웃으며 끝까지 함께하는 아이들을 보며 고마움을 느끼기도 했다.

보조금으로 총 3회의 지역 탐방을 했다. 모든 공식 일정이 끝난 뒤 기록으로 남기기 위해 사진첩을 만들자는 아이디어가 나왔다. 이번 지역 탐방뿐만 아니라, 한 해의 기록들을 모두 모아 한 권의 책으로 제작했다. 사진에 보이는 아이들의 모습과 표정에서 그날의 감정이 그대로 드러났고, 탐방 때마다 작성했던 감상문을 찍어 첨부했더니 1년의 행사 기록장이 됐다. 서점에서 사는 책처럼 두꺼운 책은 아니었지만, 아이들이 재미있게 웃으며 넘길 수 있는 우리의 추억책이 생긴 것이다.

책을 받고 한 장 한 장 넘길 때마다 아이와 함께했던 일들이 주마등처럼 흘러갔다. '작은 행동이 하나하나 모여 이렇게 큰 것을 이뤘구나.' 옛날에는 책 한 권을 다 읽거나 베껴 쓰는 일이 끝났을 때 선생님과 친구들에게 한턱 내는 책거리를 했다고 한다. 우리도 우리의 소중한 시간이 담긴 추억책을 나누면서, 비록 당시 사정상 한자리에 모여 책거리를 할 수는 없었지만 보석같이 빛나는 그 순간들을 마음에 담을 수 있었다.

에필로그
도전을 즐기면서 자라는 아이

challenge

1. (사람의 능력·기술을 시험하는) 도전

2. (경쟁·시합 등을 제기하는) 도전

3. (무엇의 적법성 등에 의문을 제기하는) 도전

'도전'이란 단어를 좋아한다. 인생에 있어서 수없이 찍는 발자국들이 차곡차곡 쌓일 수 있었던 것은 늘 시작이라는 도전이 있었기에 가능했다고 생각한다. 언제부터 의식적으로 시작을 도전으로 생각하게 되었나 곰곰이 떠올려 보니, "그래, 결심했어. 도전!"이라고 외치지만 않았을 뿐이지 나도 모르는 사이 수많은 도전을 하며 살아가고 있었다.

어제와 다른 오늘을 살아가는 것, 오늘의 시간에 의미를 부여하고 최선을 다하는 것, 내 시간의 주인이 되고자 노력하는 것, 나에게 있어서 이러한 마음을 가지고 하루를 보내는 일 역시 도전이라 생각한다.

아이와 함께한 많은 일들을 기록해 놓고 보니 주변의 반응이 걱정스럽기도 하다. 양가 부모님도 그렇고 주변에서도 종종 "정말 주영이가 원해서 하는 것이 맞지? 너희 부부가 욕심나서 하는 것은 아니지?"라는 이야기를 듣곤 했다. 그럴 때마다 이런저런 말로 해명해 봐야 언제나 극성인 엄마로 각인된 느낌이라, 굳이 해명해야 할까 싶어 말을 멈추는 일도 많았다.

그래, 우리 부부가 알고, 당사자인 아이만 알면 되지.

큰아이가 7살 무렵에 지인의 돌잔치에 함께 갔었다. 돌잔치 분위기를 띄우려고 여러 경품을 준비했는데, 이걸 받기 위해서는 무대에 나가서 춤을 추거나 노래를 부르거나 웃기거나 감동을 주어야 했다. 남편과 내가 아이에게 나가 보라며 등을 떠밀자, 아이 입에서 이런 말이 나왔다.

"엄마, 아빠, 저도 부끄러워요. 엄마, 아빠도 안 하는데 저도 안 할래요."

그 순간 나는 아이가 우리 부부의 행동을 늘 지켜보고 있다는 것, 우리의 행동이 아이에게 큰 영향을 주고 있다는 것을 알았다. 그때의 경험이 나를 많이 바꾸었다. 내가 하기 싫은 것을 아이에게 일방적으로 시키는 엄마가 아니라, 늘 함께하면서 즐기는 모습을 보여 주는 엄마가 되어야겠다고 말이다.

지금까지 아이와 함께해 온 많은 일들은 그때의 결심에서 크게 벗어나지 않았다고 자부한다.

아이와 함께 다양한 일에 도전하면서 실패도 성공도 두루 경험했다. 하지만 지금 와서 생각해 보면 아이가 남들 앞에서 당당하게 말하고, 실패를 두려워하지 않고 도전을 즐기는 것은 이러한 경험들이 바탕이 되지 않았을까 싶다.

아이와 함께한 일들을 기록하면서 깨달았다. 점을 찍을 때는 모르지만, 찍고 나서 뒤돌아보니 한 줄로 연결되고 있었다.

나 역시 욕심을 부려 보고 싶은 적도 있었다. 하지만 그 모든 과정을 해내는 것은 결국 아이의 몫. 아이가 진정으로 행복하지 않는다면 이게 다 무슨 소용이 있을까 싶다. 그저 지금은 결과보다 과정을 즐기는 아이로 자라기를 바란다. 속도만 다를 뿐, 아이가 원한다면 반드시 닿을 테니…….

그림책 문화 공간

여러분이 사는 지역 가까운 곳에서 그림책을 즐길 수 있는 도서관, 미술관, 책방, 북스테이 등의 공간과 연례행사를 소개합니다. 찾아가실 때는 인스타그램이나 블로그 등을 미리 확인하고 방문해 주세요.

그림책 전문 도서관·미술관 및 행사
강화 바람숲그림책도서관 @baramsup_picturebook
광주 이야기꽃도서관 @iyagikkot_library
군포 그림책꿈마루 @gp_picbook
서울 서초구립 그림책도서관 picturebook.seocholib.or.kr
성남 현대어린이책미술관 / 남양주 모카가든 @hmoka3700
순천 시립그림책도서관 @pblibrary1
원주 그림책센터 일상예술 @wonju_dailyart
완주 그림책미술관 picturebookmuseum.com
구미 그림책잔치 @gumi_picturebook_2024
부산 국제아동도서전 @bicbf_official
수원 북키즈콘 @bookizcon
원주 그림책 페스티벌
전주 국제그림책도서전 @jipf_picturebook

강원/충청권 책방·문화공간
괴산 숲속작은책방 @supsokiz

금산 지구별그림책마을 @jigubyeol_geumsan
당진 그림책꽃밭 @grimbook_garden
당진 한선예의 꿈꾸는 이야기 @seonyehan
대전 노란우산 그림책카페 @yellowbook640
대전 책방채움 @bookstore_chaeum
대전 프레드릭 희망의씨앗 @fre.derick2017
동해 그림책식당 @picturebookbistro
속초 동그란책 @a.round.book
속초 동아서점 @bookstoredonga
정선 내사랑사book @sabook2024

경기/인천권 책방·문화공간
강화 딸기책방 @ttalgibooks
고양 알모책방 @almobookstore
과천 타샤의책방 @tashabookshop
광명 동원어린이책방
광주 근근넝넝 @ggnnbooks
광주 노란부엉이 @yellowl_bookshop_cafe
김포 꿈틀책방 @dreambookshop2016
김포 코뿔소책방 @dreambookshop.rhino
남양주 곰씨네 그림책방 @bears_picturebook
부천 글한스푼 @spoonful_of_letters
부천 하마그림책방 @hippo_lovebooks
성남 그림책 NORi @picturebook_nori
성남 라온그림책놀이터 @raon_picturebook_club
수원 마그앤그래 @magandgra
수원 백년서점 @century_bookshop
양평 책보고가게 @drop_by_book
연천 굼벵책방 @goom_bang
인천 책방 산책 @bookshopwalk

인천 마,쉬 @m.s.bookcafe
인천 그림책방 오묘 @omyo_1122
인천 책방 리브레리 @chaekbang_librairie
파주 헤이리예술마을 동화나라

경상권 책방·문화공간
경주 소소밀밀 @sosomilmil
구미 그림책 산책 @walk_picturebook
대구 하고책방 @hagobooks
부산 강아지똥책방 @gangddong_books
부산 곰곰이어린이서점 @gomgomi051
부산 바사크라 @basakra_mustmeet
부산 책과아이들 @booknkid
부산 책방 봄봄 blog.naver.com/bookbombom
양산 안녕 고래야 @hiwhalebooks
영주 북그북그 @bookkbookk_bookstore
칠곡 그니여비 @young97687
포항 민들레글방

서울권 책방·문화공간
구로 콕콕콕 @cokcokcok_book.doll
마포 개똥이네 책놀이터 @book338_0478
마포 그림책방 곰곰 @gomgombookstore
마포 비플랫폼 @bplatform
마포 사슴책방 @deer_bookshop
마포 썸북스 그림책서점 @somebooks.shop
마포 이루리북스 @yrurybooks
마포 조은이책 @chouni.chaeg
마포 책방 사춘기 @sachungibook
서대문 달걀책방 @egg.bookshop

서대문 초방책방 @chobang22
성동 카모메 그림책방 @kamomebookstore
영등포 그림책방 노른자 @norunza
영등포 향기나무 @juniper_art_studio
용산 마이어.날다 그림책 선물가게 @meier.nalda
용산 자작나무 책방 @jajaknamu_books_
종로 사르르 그림책방 @sarrr_picturebook
중랑 상상하는삐삐 @pippi202307

전라/제주권 책방·문화공간
광주 예지책방 @yaejee_book
군산 마리서사 @mariebookstore
순천 도그책방 @dogbookshop_
순천 책방사진관 @book_photo719
익산 그림책방 씨앗 @picturebookshop_seed
전주 잘익은언어들 @well_books
제주 그림책카페 노란우산 @bookshopnoranusan
제주 보배책방 @bobae_books
제주 북스페이스 곰곰 @gomgom_jeju
제주 사슴책방 @deerbookshop_in_jeju

기타 그림책 정보
그림책사랑교사모임 그림책 신작 소개 @gsamogram
그림책 신간 크리틱 @picturebook.critics
뉴북나우 그림책 꿀시사회 @newbooknow
꼬맹이언니네 그림책 뉴스레터 blog.naver.com/cjstlsdo

그림책 · 도서관 · 책방이랑

노는 아이

초판 인쇄 2024년 8월 1일 | 초판 발행 2024년 8월 13일

글 신은영

펴낸이 양정수 | 편집진행 최현경, 윤수지 | 디자인 추진우 | 마케팅 양준혁, 변수현
펴낸곳 노란상상 | 등록 2010년 1월 8일 (제2010-000027호)
주소 서울시 영등포구 양평로 157, 1703호
전화 02-797-5713(영업부), 02-2654-5713(편집부)
팩스 02-797-5714 | 전자우편 yyjune3@noransangsang.com

ISBN 979-11-93074-40-4 03810

ⓒ 신은영 2024

공급자 적합성 확인
제품명 : 노란상상 단행본 | 제조자명 : 노란상상
제조국명 : 대한민국 | 전화번호 : 02-797-5713
주소 : 서울시 영등포구 양평로 157, 1703호
제조년월 : 2024년 8월 13일 | 사용 연령 : 8세 이상

※ KC 마크는 이 제품이 공통 안전 기준에 적합하였음을 의미합니다.
※ 책의 모서리가 날카로워 다칠 수 있으니 던지거나 떨어뜨려 다치지 않도록 주의하세요.